"趣读成语"科普阅读书系

成语与人体科学

主　编　郭述真

编　委　郭述真　王炳彦　张　森　赵　蕊

王明宇　刘国昇　鲍萍萍　李　阳

杜晓红　韩　雪　米宇菁　陈永丽

李惠斌　王冠麟　王海沣　朱永梅

插　图　侯孟明德

山西出版传媒集团　山西教育出版社

图书在版编目（CIP）数据

成语与人体科学 / 郭述真主编. — 太原 ：山西教育出版社，2024. 7

ISBN 978-7-5703-3764-4

Ⅰ. ①成… Ⅱ. ①郭… Ⅲ. ①汉语-成语-通俗读物 ②人体科学-普及读物 Ⅳ. ①H136. 31-49②Q98-49

中国国家版本馆 CIP 数据核字（2024）第 041455 号

成语与人体科学

CHENGYU YU RENTI KEXUE

策　　划　王　媛
责任编辑　陈旭伟
复　　审　裴　斐
终　　审　彭琼梅
装帧设计　孟庆媛
印装监制　蔡　洁

出版发行　山西出版传媒集团 · 山西教育出版社
（太原市水西门街馒头巷 7 号　电话：0351-4729801　邮编：030002）
印　　装　山西聚德汇印务有限公司
开　　本　890 mm×1 240 mm　1/32
印　　张　7. 5
字　　数　123 千字
版　　次　2024 年 7 月第 1 版　2024 年 7 月山西第 1 次印刷
印　　数　1—1 500 册
书　　号　ISBN　978-7-5703-3764-4
定　　价　29. 00 元

前 言

我国是世界四大文明古国之一（其余为古巴比伦、古埃及、古印度)，是唯一未曾中断，传承下来的文明古国。五千年源远流长的历史、上善若水的文明、底蕴深邃的文化，无与伦比。生长在古文明与现代文明融为一体的国度，值得每一位中国人为之骄傲与自豪。

古往今来，生存与健康是人类以及所有生命物种本能的追求，每个生命都在努力地活着，在优胜劣汰的自然法则中或优胜繁衍或劣汰灭绝。我国的先民在不断进步的过程中，逐步由听天由命，走向初始医学，民间医学，祖国医学（如中医、藏医、瑶医、蒙医、维医、傣医）以及现代医学，预防医学等。

生命与健康问题是当代全球医学界的研究热点，也是伟大的中华民族亘古不变的追求与传承。且不说闻名遐迩的《黄帝内经》《金匮要略》《本草纲目》等医学瑰宝，单从祖国古文化中的汉语成语中便可略见一斑。

汉语成语，文字简练，约定俗成，寓意深邃。在汉语言形成早期，以四个字为特征的语言就已经出现。到了东汉时期，它被称为“成言”。到了唐宋时期，“成语”这个词语的称呼正式出现。成语来源于古代神话、寓言典故、历史故事、文人作品、名人逸事、诗文绝句等，世世代代传承至今。成语是历史的积淀、智慧的结晶、民族的瑰宝，是文明古国传统文化中的璀璨明珠。

2020年山西省科普作家协会医学分会组建团队，学习探究古汉语成语中的人体科学，我们惊奇地发现，在解剖学、生理学、生化学、病理学等问世之前，不少成语居然蕴含着健康智慧、健康理念、健康方法、人体科学、养生保健等知识，如“安步当车”“耳聪目明”“唇红齿白”“狼吞虎咽”“肝胆相照”“头头是道”“灵机一动”“气喘吁吁”“大汗淋漓”“杯弓蛇影”等。这些成语值得我们认真学习、深入研究。我们要感悟先人的智慧，传播先人的理念，汲取先人的知识，发掘祖国瑰宝，传承民族文化。

感谢郝建新副主席对本书的支持与关心，感谢山西省科学技术协会、山西教育出版社的鼎力支持，感谢创作团队的辛苦付出，希望读者能够享受阅读的乐趣。

主编：郭述真

山西省科普作家协会副理事长

医学科普创作分会会长

目 录

1 大步流星

【释义】跨着大步，走得飞快。

【出处】周立波《暴风骤雨》第二部二四："听到叫他名字，他大步流星地迈过去，把它牵上。"

【近义】健步如飞

【反义】举步维艰

科普知识

直立行走是人类独有的特征之一，站立、行走、跑步、下蹲、起坐等，离开双下肢（双腿和双脚）是万万不能的。但是双下肢的协调运动绝不能独立完成。它的每一个动作或简单、或复杂，或主动、或被动，都依赖于从中枢神经到脊神经到外周神经到末梢神经的神经系统，从骨骼到关节、韧带到肌肉的运动系统，从心脏到动脉到静脉到毛细血管网到淋巴管与淋巴结的血液循环系统和免疫系统等一整套共建系统共同完成。这套系统包括"司令部""指挥部""作战部"

“供养部”“保障部”等，既有“领导”、有“方针”、有“路线”、有“指令”、有“定位”，又有“应答”、有“贯彻”、有“执行”、有“落实”、有“效果”，既庞大又细微、既精密又粗犷、既自主又被动。其中奥秘无穷。

保护与保持双下肢功能的健全与协调，或健步如飞、或步履矫健、或大步流星，绝不是一件容易的事，需要我们以毕生的努力去历练、去呵护、去实现。

任何原因导致“司令部”“指挥部”“作战部”“供养部”“保障部”等任意一个或几个部门受损，都会招致不同部位不同程度的运动障碍，或“一损俱损”、或“残垣断壁”、或“麻木不仁”，或全瘫、或偏瘫、或截瘫，或无法自主完成运动功能，或失智、或失能，往往很难逆转。

如此庞大又精密的“网络系统”，不认真细致且经常性地进行维护，很难不出这样或那样的故障，而系统维护的第一责任人就是自己。当然家庭关爱、学校教育、社会保障、医疗救治也是不可或缺的重要环节。

要保障整个“系统”的良性运行，请关注以下几点：

1. 要积极培养健康智慧，提高洞察风险的意识和规避风险的能力，避免一切有毒有害的食物和环境，认真学习人体科学，了解人体知识，科学防病，预防损伤。

2. 做好孕产妇保健，早期发现孕期合并症并尽早干预。避免胎儿宫内缺氧，正确预判分娩方式，防止新生儿窒息，避免新生儿脑瘫及神经系统损伤。

3. 保护头颅和脊椎，避免外伤。高危作业时戴好头盔，经常做腰背肌的锻炼，确保椎体的稳定性和应有的活动度。

4. 强肌健骨，经常运动，持之以恒，尤其是肢体的阻抗运动，可以增强肌肉、韧带和骨骼的力度、强度和柔韧度。

5. 保健骨骼，防止缺钙。经常进行户外运动，多晒太阳，进食富含钙质和多种维生素的食物。避免跌倒，防止骨折。女性由于承担妊娠、分娩、哺乳等生理负担，更需要关注钙缺乏和骨质疏松的问题。

6. 保护心血管系统，确保有效供血供氧。合理膳食，规律作息、有劳有逸，避免久坐，不可熬夜，培养良好的行为与习惯。积极防治高血压、高血糖、高血脂、高尿酸血症等，预防脑梗、心梗、肺梗、腿梗等致死致残等疾病。

7. 保持平和愉悦的心态，拥有积极向上的动力。开朗豁达，向阳而生，开开心心过好每一天，充满正能量，提高免疫力。

8. 倡导“不治已病治未病”的传统理念，智慧生活，做好预防保健，定期体检。一旦出现运动异常及时就医，寻找发病原因，将疾病消灭在萌芽状态。

2 喜上眉梢

【释义】 眉宇间流露出喜悦的神情。

【出处】 清·文康《儿女英雄传》第二三回："思索良久，得了主意，不觉喜上眉梢。"

【近义】 喜笑颜开

【反义】 愁眉不展

科普知识

眉毛是人体毛发之一，是长在眼睛上方眉弓皮肤表面的毛发。眉毛分为眉头、眉峰和眉尾。

眉毛的主要作用有以下几点：

一、保护眼睛。眉毛可有效防止雨水、汗水、灰尘、小虫之类进入眼内，与上下眼睑、上下眼睫毛共同起到保护眼睛的作用。

二、展示表情。眉毛有一定的移动度，比如我们常常说到的眉飞色舞、双眉紧皱、扬眉吐气等词汇，都是描写眉毛的动态，通过这样的动态展示面部表情，可以体现不同的心境，这是眉毛的又一个作用。

眉毛之所以能够出现动态，主要是眼部神经与肌肉的作用。眼周肌肉由 1 块提肌和 4 块降肌组成：额肌是唯一提升眉毛的肌肉；眼轮匝肌、皱眉肌、降眉肌和降眉间肌是降低眉毛的肌肉。在大脑与局部神经的支配下，共同完成表情的展示。

三、体现颜值与心境。眉毛的形态、浓密、色泽、走向、与眼睛以及整个面相的相对位置，对一个人的颜值有重要影响，同时也能在一定程度上反映一个人的心境。比如人们常说的眉清目秀、浓眉大眼、慈眉善目等都能体现好的颜值和心境；贼眉鼠眼、挤眉弄眼、眉来眼去等都反映颜值或心境处于较差的状态。

时下不少人选择“美眉”，如画眉、描眉、文眉、植眉等，选择得当，不失为一种提高颜值的方法。值得注意的是，一定要清楚自身的情况，比如敏感皮肤、疤痕体质等，是不宜文眉和植眉的。非正规的美容机构是去不得的。

我们不能够以貌取人，正像法国著名作家雨果在《巴黎圣母院》中描写的几个人物：女主人爱斯梅拉达，美丽、率真、纯朴、善良，是颜值高与心灵美的统一代表；撞钟人卡西莫多，体态畸形、外貌丑陋、两耳失聪，却有着真诚善良、忠实勇敢的品质，是外在美与内在美不一致的人物形象；克洛德，红衣副主教，表面上维护正义、保护弱小，实则道貌岸然、自私自利、心灵黑暗；菲比斯，皇家卫队队长，相貌堂堂，一表人才，口蜜腹剑，心灵肮脏，外在与内在形成了鲜明的对比。颜值的高下往往是先天性的，心灵的美好却是后天培养与主动历练而成的，不论颜值如何，心灵美才是真的美。

3

杯弓蛇影

【释义】把酒杯中的弓影当成了蛇。比喻因疑神疑鬼而自惊自怕。

【出处】汉·应劭《风俗通义·怪神》："时北壁上有悬赤弩，照于杯，形如蛇。"

【近义】草木皆兵

【反义】安之若素

科普知识

晋代有个叫乐广的人，请他的朋友在厅事堂里饮酒，二人推杯换盏，很有兴致。分手之后，好长一段时间，乐广见朋友没有露面，也没有联系，很是纳闷，便登门拜访。这才知道他的朋友自从和他饮酒之后，便一病不起。朋友告诉他，那日饮酒时，发现酒杯里有一条小蛇，但碍于情面，还是一饮而尽。回家后便感觉肚子疼，腹中的小蛇渐渐长大，还会产下许多小蛇，现在他的肚子里满满的都是蛇，恐怕时日不多了……乐广大惊失色，满腹狐疑，立马跑回厅事堂，坐在朋友饮酒的地方，斟满一杯酒，低头一看，酒杯里果然有一条“小蛇”在游动。乐广也很疑惑，无意间抬头看去，原来是悬挂在厅梁上的角弓，倒映在酒杯中的影子，就像一条小蛇。乐广喜出望外，连忙用车将朋友接来，还是坐在那日饮酒的地方，让他的朋友目睹了真实的一幕，朋友立马精神抖擞，病象全无！这便是人人皆知的成语故事“杯弓蛇影”。

看完这个故事，我们不禁要问，乐广的这位朋友病了吗？他确实病了，且病得不轻，卧床不起，水米不进，满腹疑虑，惊恐万分，惶惶不可终日；我们又要问，他真的病了吗？当他再度来到乐广家，回到当时的场景时，他目睹了自己酒杯里的那条小蛇，居然是悬吊着的弓倒映在杯中的影子，在他了解了事情的真实情况之后，立马释然，心中大喜，病象全无，不药而愈，精神抖擞，扬长而去。

心理学家巴甫洛夫认为：暗示是人类最简单、最典型的条件反射。从心理机制上讲，它是一种被主观意愿肯定的假设，不一定有根据，但由于主观上已肯定了它的存在，心理上便竭力趋向于这个情况的存在并认定它的真实性。

我们在日常生活中，无时无刻不在接收着来自外界的各种人物、事物、事件、场景的暗示以及来自自身的各种反应与感受的暗示。这种暗示可以是积极的，也可以是消极的，有时是可以致病乃至致命的。

乐广朋友的故事，便是一个很典型的例子。一个人是否健康，心理因素的影响是非常重要的。在我们的一生中会遇到很多不如人愿之事，我们一定要学会自我调适。在心存困惑、抑郁焦虑、烦躁无助的时候，要尽早寻求心理医生的帮助，千万不要闷在心里，从而酿成大病。

4 心灵手巧

【释义】 心思灵敏，手艺精巧。

【出处】 清·孔尚任《桃花扇·栖真》：“香姐心灵手巧，一捻针线，就是不同的。”

【近义】 心闲手敏

【反义】 笨手笨脚

科普知识

脑，是人体最复杂的器官，由颞叶、额叶、顶叶、枕叶等结构组成，分工明确、精准、细微，比如运动、语言、思维、情绪、想象、劳作以及人体器官、内脏等的一切生理活动，都会受到脑的调控。脑是人体的“最高司令部”，当前世界上任何高端电脑都无出其右。脑的质量约为1400克（不同人种、男女、老幼稍有差异）。脑中几十亿个细胞组成了灰质，纤维组织组成了白质，呈半球形，很像去了外壳的核桃仁。在脑表面的灰质又称为皮质（即大脑皮层），大部分信息都储存在皮质内。人的一生中会不断存储、提取、清除信息。每一个脑细胞都会和上万个脑细胞发生联系，几十亿个脑细胞将组成多么庞大的联系网，目前无法得知，这正是人脑功能超强的原因。

脑是否聪明，固然有先天的因素，但后天的学习，不断的思考与总结，也是非常重要的。“书山有路勤为径，学海无涯苦作舟”，如此，方可拥有聪明的脑。

手是人类最好的朋友，在所有的灵长类动物中，人的双手是最灵巧的。可以说人类如今的文明成果与我们的双手息息相关。

手为什么这么巧，首先要了解一下手的生理特征。

手，位于上肢的远端，是人体解剖结构最复杂的器官之一。其复杂性不仅仅体现在其本身的骨骼、关节、肌肉、神经、血管以及淋巴系统上，还体现在手与脑、上肢、躯干的整体联系上。

人体骨骼的总数为206块，其中单手的骨骼为27块，双手即为54块，约占人体骨骼总数的26.21%。人体明确命名的关节为78个，其中单只手的关节就有22个，约占人体关节总数的28.21%。手的骨骼和关节在人体骨骼和关节中占有相当大的比例，所以灵巧。

手部肌肉由手内肌肌群和手外肌肌群所组成，单手有 28 块肌肉。包括大、小鱼际肌群，拇指内收肌，蚓状肌，骨间肌等。其中，大鱼际肌群又包括了拇短展肌、拇短屈肌和拇对掌肌；小鱼际肌群则包括小指外展肌、小指屈肌、小指对掌肌和掌短肌。手部的运动、感觉功能主要依赖于尺神经、桡神经和正中神经以及手部丰富的血管与淋巴。名目繁多的手部肌群在大脑与神经的支配下完成日常功能及高难度的精细操作。值得一提的是，大拇指的对掌功能十分重要，没有大拇指，手的功能将大打折扣。

动手能力的高下，不完全是与生俱来的，需要后天培养和历练，是一个不断实践、不断提高、不断优化的过程。只有手脑并用，方能书写我们美好的人生。心灵手巧就是这样炼成的。

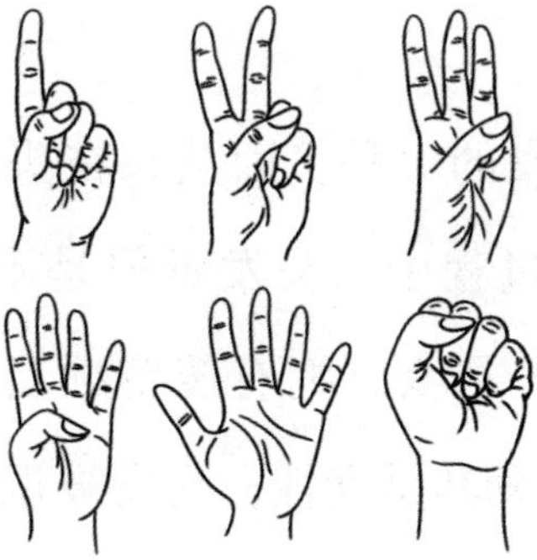

5

千钧一发

【释义】钧：古代重量单位，一钧为三十斤。一根发丝吊着千钧重物。比喻情况万分危急。

【出处】《汉书·枚乘传》：“夫以一缕之任，系千钧之重，上悬无极之高，下垂不测之渊，虽甚愚之人，犹知哀其将绝也。”

【近义】危在旦夕

【反义】稳如泰山

科普知识

头发是人体毛发的一种，因其长在头皮上，故称其为头发。在人类进化的过程中，头发不但是不退化的一类毛发，反而愈加优化。无论男女，拥有茂密顺溜的头发，给人的第一感觉就是“美”。尤其是女性，头发被视为其“第二张脸”，光亮飘逸的长发，使人产生一种想要抚摸的欲望，无疑会增加一个人的颜值，回头率也会大大增加。头发相对男性而言则比较宽容，有言道“贵人不顶重发”“聪明绝顶”“前途（秃）光明”……即便是光头，也较容易被人所接受。

一般情况下，人的头发有 10 万—12 万根，每平方厘米头皮上有 600 根左右，由发根、发干组成，不含神经与血管。通常情况下头发可长到 1—1.5 米，最长不超过 2 米。头发的色泽、长势和类型与种族、遗传、地域、营养、身体健康与否等有很大的关系。

一根头发能够吊起 170—270 克的重物。人与人之间因为发质的不同，头发的强度差别是很大的。有人将全部头发编成麻花辫，甚至能将 20 吨重的物体吊起来。这个现象与“一根筷子容易折，十根筷子难折断”有着如出一辙的道理——团结就是力量。

头发生长在头皮上，覆盖着颅骨，对颅骨和脑部起着很好的保护作用：防止或缓冲外力对头部的撞击与伤害；具有防日晒、防雨淋、御寒散热、排汗引流的功能；毛发中的角蛋白是热的不良导体，毛髓质充满空气间隙，在一定程度上起到阻止紫外线并防止外界高温的侵袭。同时，头发还可以鉴定血型，检测各种微量元素，对某些疾病的诊断和法医鉴别身份也有很大的帮助。

头发如此有用，一定要好好养护。

头发和皮肤一样，有不同的类型，分为油性、干性和中性，保养的方法也不尽相同。

油性发质，适合勤洗，宜用偏碱性的洗护液；干性发质，不宜多洗，宜用偏油性的洗护液；中性发质介于两者之间。

洗头时水温适宜，过热、过凉，对头皮和头发都没有好处，洗完后自然干燥，最好不要用电吹风，电吹风温度过热或过冷，对头皮和头发都没有好处。

洗头时，要用手指肚轻轻地揉搓，不宜用指甲挠抓头皮，避免毛囊和头皮受损，日后产生头皮屑或脱发。

经常按摩头皮，用防静电的木质、牛角质的梳子梳理头发，不仅对头发有好处，对大脑也是有好处的。短发由上往下梳理，长发由下往上分段逐步梳理通顺，要避免用力过度导致脱发。

经常盘发或扎辫子者，应适时将头发散开，加以梳理，让头皮透气，毛囊减负。

烫、染头发是有害的，应尽量避免或减少频次，烫发液、染发液最好使用优质的。烫、染头发后一定要彻底将头发漂洗干净，防止烫、染液残留，对人体造成危害。

要避免头发被烈日直晒，遭雨淋后应及时清洗头发。

头发是有灵性的，它近距离保护大脑，大脑对它的影响也是最为直接的。宽广的胸怀，良好的心态，充足的睡眠，有益的膳食，对不愉快的记忆能够及时删除与清零，是养护头发的重中之重。

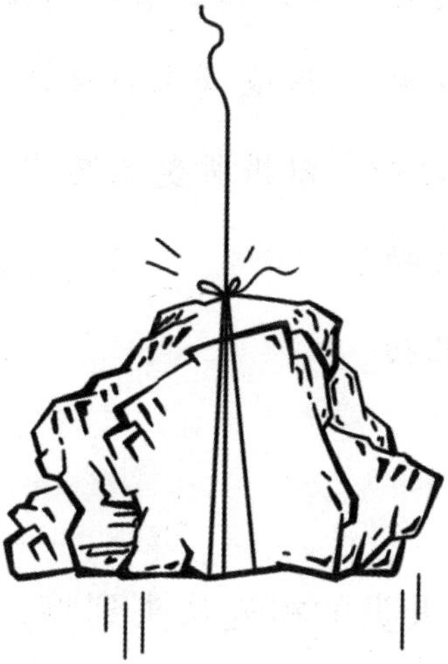

6 毛发之功

【释义】 表示功劳微不足道，含有自谦之意。

【出处】 三国·魏·曹植《求自试表》：“窃不自量，志在效命，庶立毛发之功，以报所受之恩。”

【近义】 尺寸之功

【反义】 赫赫之功

科普知识

我们都知道，人类的祖先从头到脚，布满了毛发。分布在躯体与四肢的谓之毛，也叫体毛或汗毛，由于部位不同，有眉毛、睫毛、鼻毛、唇毛、胡须、鬓毛、腋毛、阴毛之称，胎儿之体毛谓之毳毛。长在头部的谓之发，也就是头发。

远古时期的人类，从头到脚，从上到下，都长着浓密的毛发，皮糙肉厚。在保护躯体，保护四肢，保护头面，防寒避暑，防风避雨，维持体温，排汗排毒，防止叮咬等方面都有重要作用。在那个时代，没有工具，无房可住，无衣可穿，远古人类身上的皮毛便具有特定的，不可或缺且无可替代的作用。

随着人类的进化，社会文明的进步，制造业的发展，住房温暖舒适，出行车来车往，吃喝名目繁多，穿戴应有尽有，人类原始的皮毛渐渐发生了废用性退化，虽然种族不同，体毛的浓密、色泽有所不同，但从总体上看，与远古人类相比，人类的体毛渐渐稀少，皮肤渐渐光滑。男性保留了某些部位毛发的浓密，则是在雄激素的作用下，彰显了作为雄性的彪悍，女性则在雌激素的作用下，皮肤白皙润滑，彰显了作为女性的妩媚。保留下来的毛发其作用都是一样的，如排汗、排毒、维持体温等。

头发，是生长在头部的毛发，分为发根和发干，由角质细胞组成，有 10 万—12 万根，不含神经和血管。浓密顺滑的头发除了使人增加美感之外，还可保护头颅和大脑。茂密蓬松的头发具有弹性，除了可以抵御和缓冲一般的磕碰和撞击，还可以避风挡雨、保暖散热、排汗排毒等。

眉毛，位于眼睛的上方，从几百根至上千根不等，是眼睛的“防护林”，可以有效地遮挡粉尘、汗水、雨水、小虫等落入眼内。与两眼配合能够彰显英俊美丽，传递感情，表现思维等。比如浓眉大眼，眉清目秀，眉开眼笑，双眉紧锁，眉头一皱、计上心来等都是体现眉毛作用的成语。

睫毛，直接附着于上下眼睑，长长的、浓密的睫毛，是眼睛的“御林军”，其扑扑簌簌的样子，不仅美观大方，楚楚动人，而且对保护双眼有着直接且极其重要的作用。比如避光防尘、遮挡异物、缓解疲劳，尤其是在闭目养神，深度睡眠时，能使上下眼睑无缝隙闭合，确保眼睛健康和安全。

鼻毛，生长在鼻腔内，是呼吸系统的“前哨卫士”，它不仅可有效提升鼻腔的防御功能，保持鼻黏膜湿润，还可以过滤灰尘，防止细菌、病毒等的入侵。所以千万不要抠鼻子，拔鼻毛。

腋毛与阴毛，也是人类不退化的体毛。它们与其他部位的体毛一样，可以防潮排汗，缓解因摩擦而导致的皮肤受损。阴毛对生殖系统的保护是不言而喻的。

总之，“天生我材必有用”，人体所有保留下来的毛发，不仅有用，而且用处还很大。从这个角度看，“毛发之功”绝非微不足道，不同部位的毛发，一定要用不同的方法加以保护。

7 如鱼得水

【释义】好像鱼得到水一样。比喻有所凭借，找到了依靠。或比喻得到跟自己最投合的人或适合于自己的环境。

【出处】秦·李斯《用笔法》：“如游鱼得水，景山兴云。”

【近义】如虎添翼

【反义】格格不入

科普知识

鱼是水生动物，其生存离不开水，这是世人皆知的道理，其实人类生命之初，也是生活在羊水之中的。

作为女性，每个月经周期中，最具优势的那个卵子（优势卵泡）是在卵泡液的滋润护佑下“破土”而出的，随后被输卵管的伞部捡拾起来，输送至富含黏液的输卵管内短暂停留；作为男性，浩浩荡荡的精子大军，更是在精液的滋润护佑下勇往直前，它们游啊游，冲啊冲，只有那位健康的、勇敢的、执着的、目标明确且幸运的“游泳冠军”方有可能与已经“胜出的最美卵子”相拥结合，形成受精卵。

一个新的生命，在子宫内孕育十个月，其实都是在羊膜腔内的羊水中度过的。

羊水，充满于羊膜腔内，早期清澈透明，中性呈弱碱性，其中98%—99%是水分，1%—2%为无机盐及有机物，如矿物质、尿素、尿酸、肌酐、酶类等，后期可混有胎脂、胎儿上皮细胞、毳毛等。

羊水的来源、量和成分随着孕周的不同而变化。妊娠初期，羊水主要是母体血清通过胎盘进入羊膜腔的透析液，少量由胎盘表面和脐带表面渗出。当胎儿血循环形成后，胎儿体内水分和小分子可以经过尚未角化的胎儿皮肤渗出，构成羊水的一部分。妊娠11—14周时胎儿肾脏已有排泄功能，因此妊娠中期以后胎儿排出的尿液是羊水的重要来源。

妊娠8周，羊水量为5—10毫升，20周时约为400毫升，36—38周时达到高峰，为1000—1500毫升，以后逐渐减少，妊娠足月时，羊水量为800—1000毫升。超过2000毫升为羊水过多，少于300毫升为羊水过少。羊水过多、过少都是不正常的，这表明此时母体或胎儿可能存在异常，需要进一步明确诊断，积极治疗。

羊水主要有两大功能。首先羊水可以保护胎儿。羊膜囊在强劲有力的子宫保护下，其中的羊水形成了一个恒温的、具有缓冲功能的液体环境，胎儿生活在其中，饮食无忧，温暖舒适，自由自在，游刃有余，不会被外力所侵扰。一朝出宫，羊膜囊自破，羊水缓缓流出，这个过程润滑了胎儿全身及分娩必经之通道。

其次，羊水的存在，缓冲了胎儿在子宫内活动时给母体带来的不适。分娩开始，在子宫肌群特有的节律性、对称性、极性、缩复性且协调有力的逼迫下，羊膜囊张力渐渐加大，均匀地作用于子宫颈，使其有效地开张，为胎儿的顺利娩出提供了条件。羊水流出，还有冲洗阴道，预防生殖系统感染的作用。

鱼儿离不开水，卵子离不开水，精子离不开水，胎儿离不开水，人的一生都离不开水……万物生存皆如此，水乃生命之源泉！这就是大自然！让我们热爱大自然，呵护大自然，拥抱大自然吧！

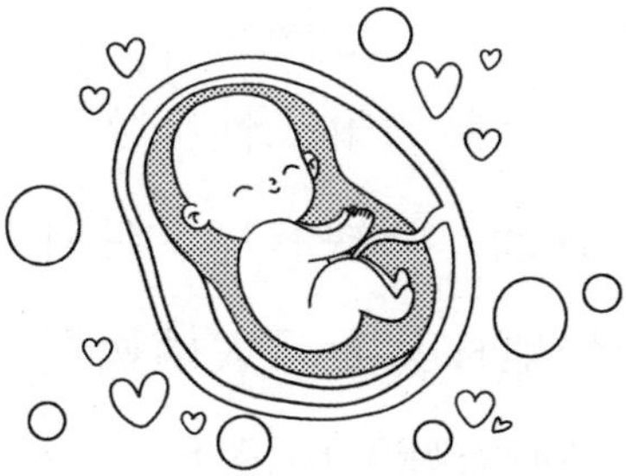

8 花好月圆

【释义】 花开得正好，月亮正圆。比喻美好圆满的家庭生活。

【出处】 宋·张先《木兰花》：“人意共怜花月满，花好月圆人又散。”

【近义】 鸾凤和鸣

【反义】 花残月缺

科普知识

女性的一生中，有月经的岁月，是其鼎盛时期，可谓“花好月圆”的岁月。

月经，是女性最重要的第二性征之一，规律的月经宛如皎洁的月亮，月缺月圆，圆缺有序，月月来潮，是所有女性的好朋友，大家亲切地称其为“大姨妈”。大姨妈何许人也？乃是妈妈的姐姐，是所有姨妈中最年长、最亲近的那一位。

正常月经有以下特征：

女性从十三四岁开始，便会有月经，谓之初潮。如出现 10 岁以前来月经或 16 岁及以后尚未来月经的，应当引起重视。

月经历时 30—40 年，大约在 49 岁前后便会闭止。40 岁之前月经闭止，为早发绝经，55 岁之后月经尚未闭止，为晚发绝经，应当引起重视。

正常的月经周期为 28 天加减 7 天，也就是说，从来月经的第一天，到下次来月经的第一天，大于等于 21 天、小于等于 35 天即为正常。

月经期一般为 2—8 天，少于 2 天或多于 8 天视为异常。

月经量一般为 5—80 毫升，少于 5 毫升、多于 80 毫升视为异常。前者为月经量过少，后者为月经量过多。一般情况下每次月经的经量是由少到多再到少的。

月经血的颜色初、末多为淡红色或暗红色，中间为鲜红色，会伴有黏液、小血块及子宫内膜碎片。

月经期正常情况下会伴有轻微的下腹部、腰骶部疼痛及下坠感，不会影响工作、学习与睡眠；月经期会伴有乳房疼痛及局部肿胀感，但触摸不到具体的结节与包块。

月经在特殊的时期是可以闭止的，比如怀孕期或哺乳期，谓之生理性闭经，无须治疗。生殖系统疾病或全身性疾病导致的闭经又可分为原发性闭经和继发性闭经，需要到医院就诊并对因治疗。

人工绝经，是指因为某种疾病，比如胎盘早剥、胎盘植入、宫颈癌、子宫肿瘤、卵巢肿瘤、产后出血保守治疗无效、久治不愈的功能失调性子宫出血等切除子宫，导致绝经。

主动学习一些有关月经的科普知识，既不要将正常的月经表现当作疾病来对待，无端增加心理负担，也不能对真正的月经病，或其他疾病导致的子宫异常出血等不理不睬，延误了诊断与治疗，给身心健康带来危害。

9 安步当车

【释义】用慢步行走当作坐车。

【出处】《战国策·齐策四》："晚食以当肉，安步以当车。"

科普知识

走路是人类健康之根本

走路与吃、喝不一样，它不是人类与生俱来的能力，是人在出生后一岁左右时，在父母的精心呵护下，一步一步、东倒西歪、跌跌撞撞地经过刻苦训练学出来的。它是人类生存的必备技能。有双腿会走路，令你我享用一生，是人类幸福、快乐、健康、长寿的重要因素之一。

走路的"丰功伟绩"

走路时由于双腿交替迈步，双臂交替摆动，上下肢体产生有节律的、低频率的振荡，使全身的平滑肌得到舒缩锻炼，使之强劲而有力，血管弹性也随之增强，减少了血管壁沉积物的生成，防止动脉粥样硬化，斑块形成，有效防止血栓形成。

走路是大脑运动中枢、脊神经、外周神经共济协调的良好体现，在共济协调的运动中，不仅全身都在动，还体现了中枢运动神经及外周运动神经相互之间的有机联动和正常的生理功能，增强了神经“网络”与肢体“导联”的有机联系。

有效地增强心脏功能。快走时心跳加快，心肌的收缩力增强，血搏出量增加，有效改善心肌与冠状动脉的血液循环，增强心脏功能，减少冠心病的发生。有学者用心电图进行检查，发现步行组心电图“缺血异常”的发生数较坐车组少1/3。

肺活量有效增加。走路时，双臂的摆动，带动了胸廓的运动，快步行走时，呼吸加深加快，能有效增加肺活量。随着血氧含量的增加，人的主要器官大脑、心、肺、肝、胰、脾、肾、胃肠等都会得到很好的供血、供氧，从而达到全身受益的效果。

快步行走或行走时间较长，人体便会出汗，不仅仅加快了新陈代谢，强健筋骨，还有助于排毒养颜、滋润肌肤，使其紧致且富有弹性。

走向绿色，拒绝“赖车病”

学会走路，坚持走路，享用一生。自古以来，“安步当车”就是我国传来诵去的养生之道。文明进步的当代人，切不可弃之不用。保健专家认为，每日应有一定量的步行、登车等锻炼。依据自己的年龄、性别、身体状况，决定步行锻炼的时间和强度。倘若出门就坐车，一步不想走，两腿越来越细，肚子越来越大，伏不下身，蹲不下去，动辄就气喘吁吁大汗淋漓，“赖车病”就算得上了！

请迈开您的双腿，让我们一起走向健康、走向长寿、走向快乐、走向幸福、走向绿色、走向精彩！

10

眉清目秀

【释义】比喻容貌端庄美丽。

【出处】元·无名氏《合同文学》第一折："有个孩儿唤做安住，今年三岁，生得眉清目秀，是好一个孩儿也。"

【近义】明眸皓齿

【反义】其貌不扬

科普知识

"眉清目秀"是对人"眉眼"的形容。"眉眼"生就得如何，很大程度决定一个人的颜值。更重要的是，眉眼的功能无可替代。

那么，"眉眼"有哪些科学知识呢？

眉骨

眉骨也称眉骨弓，不是独立的骨骼，位于额骨下方，眼眶上方，左右对称，是一个横行的、长条状的骨性突起，使覆盖其上的皮肤形成隆起，并有眉毛在此生长，就像"屋椽”，这个部位就是所谓的眉骨，这个骨性突起的结构，具有坚强的保护眼球及眼眶内部组织的作用。眉骨的形态很大程度上决定一个人面部轮廓的走向，尤其是男性，眉骨锋利，鼻部直挺，彰显英俊和豪气。

眼眶

我们的眼眶由七块骨头组成：额骨、泪骨、上颌骨、颧骨、颚骨、蝶骨、筛骨。这七块骨头组成了环状的骨性眼眶，可全方位且有效地保护眼球。

眉毛

眉毛以鼻部为界由内向外顺势生长，分为眉头、眉腰、眉峰和眉尾，具有向外侧引流的作用，其主要功能是防止汗水、雨水、粉尘、皮屑、小虫等进入眼睛。《黄帝内经》指出：“美眉者，足太阳之脉血气多；恶眉者，血气少也。”这是说如眉毛长粗、浓密、润泽，则表明足太阳经血气旺盛；如眉毛稀短、细淡、脱落，则是足太阳经血气不足的象征。眉毛可以反映一个人的身体状况，这是有一定科学依据的。

睫毛

对眼睛来说，睫毛是继眉毛之后的又一道最直接、最有效、最敏捷的防线。若有尘埃等异物碰到睫毛，眼睑会反射性地合上，以保护眼球不受侵犯。同时，睫毛具有遮蔽强光、紫外线，防止灰尘、异物、汗水、雨水等进入眼内，随时随地保护角膜、眼球的作用。长长的、弯弯的、黑黑的睫毛，有效地烘托出了眼睛的轮廓和眼眸的灵动，彰显了眼睛的神韵。

眼睛是我们最为宝贵的器官之一，它带给我们光明，带领我们观察宇宙、认识宇宙，观察世界、认识世界，观察人生、认识人生，观察事物、认识事物。

眼睛是心灵的窗口，喜、怒、忧、思、悲、恐、惊，皆可撰写在眉宇之间，闪烁在双眸之上。

爱护眼睛吧，它的作用无可替代。

11 窈窕淑女

【释义】 窈窕：娴静而美好的样子。淑：善、美。美丽而有贤德的女子。

【出处】《诗经·周南·关雎》："窈窕淑女，君子好逑。"

科普知识

"窈窕淑女"可谓亘古不变的"美女子"的标准。

西汉年间，具有"落雁"之美的"昭君出塞"，构建了匈奴与汉朝的友好，王昭君也成为形象与心灵皆美的绝代佳人代表，名垂青史。

缔造女性之美卵巢有功

形体和容貌与遗传、营养、环境、受教育程度等有很大的关系。单就某一女性个体而言，在其成长过程中，卵巢的作用不可低估。

青春期后，女性盆腔内的一对卵巢开始萌动，卵子开始发育，同时产生雌激素，在雌激素的作用下，乳房开始发育，由小渐大，逐渐丰隆。再过两年半左右，月经来潮，从无排卵到有成熟的卵子排出，女性步入了性成熟期。在雌孕激素的协同作用下，女性特有的美日益彰显。

卵巢造就了一代又一代女性之美，令世人赞叹不已。在我国对女性的主流审美中，皮肤白皙水灵，头发乌黑顺滑，声音唯美动听，身材高挑，两腿修长，胸部隆起，腰部纤细，臀部丰满等女性特有的体态特征，都与卵巢息息相关。

心理健康是美的真谛

世界卫生组织在1948年为健康下了定义：生理健康、心理健康、与社会良好地适应。

健康的心理状态，具有安定感、稳定性、适应性强的特质，积极上进，遇到任何障碍和困难，都能以坚定的信念和勇气加以克服。但是，人的心理活动是在不停变化的，不论何时何地始终处于绝对健康的状态，是不大可能的。因此衡量心理是否健康有时是非常困难的，需要动态观察和评估。一般情况下，可考虑以下几点：

1. 心理与环境的统一性。正常的心理活动，在内容和形式上与客观环境具有一致性。

2. 心理与行为的统一性。是说个体的心理与其行为是一个完整、统一、协调一致的过程。

3. 人格的稳定性。人格是个体在长期生活经历过程中，形成的独特的个性、人品和心理特征。

通俗地讲，美丽的心灵是健康心理的内在。也就是我们常说的家国情怀、心有大爱、勤劳质朴、勇敢善良、爱憎分明等美好品质。拥有这些品质的人内心充满阳光和正能量！

12

步履蹒跚

【释义】步履：步行，行走。蹒跚：腿脚不灵活，行走缓慢、摇摆的样子。形容行走缓慢，迈步不稳的样子。

【出处】宋·苏颂《乞致仕第三表》："腹心咳欬，夙宵几废于寝兴；步履蹒跚，朝昼颇难于出入。"

【近义】步履维艰

【反义】大步流星

科普知识

步履蹒跚，是常见于老年人（或腿脚有残疾者）的一种态势，弯腰驼背，两腿变形，行走时左右摇晃，举步维艰的样子。最为常见的原因之一是"肌少症"。

肌少症，又称"肌肉减少症"，是指与年龄增长相关的进行性、全身肌量，主要是骨骼肌的减少、肌力减弱、肌肉与神经生理功能减退的现象，常与骨质疏松并存。肌少症往往表现为肌肉疼痛，骨骼变形，呈现出渐进性弯腰驼背、两腿弯曲、站立不稳、步履蹒跚、行走困难、极易疲劳等一系列老年态势，又称为“活动障碍综合征”，是老年人跌倒与骨折的常见原因。肌少症还会影响多脏器生理功能，如呼吸、循环、消化、内分泌、新陈代谢等，从而诱发各种疾病，影响健康与寿命。

肌少症与骨质疏松最常见的并发症便是多数情况下跌倒后引起骨折，骨折后卧床又会引发多种疾病，如栓塞性疾病、心梗、脑梗、肺梗、腿梗、压疮、感染等，严重时会导致死亡。

肌少症的原因主要有以下几点：

1. 年龄与运动。随着年龄的增加，人际往来减少，社会活动范围缩小，户外运动缺乏，久坐与卧床的概率增加，导致肌肉、神经、骨骼呈现退行性变化，渐进性衰弱。大致从40岁起，骨骼肌就开始衰老，数量和质量平均每年减少8%左右，70岁以后减速会翻倍，倘若年轻时缺乏锻炼，肌肉量储备不足，年老后肌肉衰老的速度会更快。

2. 饮食与营养。随着我们年龄的增加，活动量的减少，食欲的减退，食量逐渐减少，食谱逐渐变窄，慢慢会导致营养不良，尤其是蛋白质、维生素D、钙、磷等摄入不足，会导致人体肌蛋白减少、肌肉萎缩、骨量减少、骨密度降低。

3. 衰弱与疾病。由于“增龄”是不可抗拒的自然规律，随着年龄的增长，大脑、皮肤、四肢以及五脏六腑的“老化”和“衰弱”是不可避免的现象，由此而引发的各种各样的疾病也是很普遍的，比如脑部萎缩、体重下降、肌肉减少、骨质疏松、皮肤松弛、褶皱增多、失智失能、糖尿病、心脏病、高血压等都是老年人的常见病、高发病。多种药物长期服用产生的副作用，也是加速肌少症、骨质疏松以及多种疾病进程的重要原因。

有文献报道：肌少症、骨质疏松症引发的跌倒后骨折，在 65 岁以上老年人死亡原因中居首位，必须引起足够的重视。强身健体，要从小做起、坚持不懈，加强肌力与骨骼的锻炼，增加户外活动，接受阳光沐浴，科学合理膳食，规律作息时间，做到劳逸结合，培养良好的行为与习惯，既要有充裕的肌力储备，又要减缓肌力衰弱的进程，如此方有可能活出健康、快乐、幸福、长寿、优雅、美丽、精彩的老年。

13

天旋地转

【释义】 旋：转。指天地旋转。比喻形势变化，时势变迁。也指头晕眼花。

【出处】 唐·元稹《望云骓马歌》："天旋地转日再中，天子却坐明光宫。"

【近义】 头晕目眩

【反义】 神清气爽

科普知识

认识眩晕症

眩晕是一种常见的症状，它涉及多个临床学科，它是因机体对空间定位障碍而产生的一种运动性或位置性错觉。

前庭系统和平衡相关系统的病变（眼部、心脑血管疾病以及中毒、精神疾病等）均可诱发眩晕。患者感到自身或外界环境物体旋转或摇动，实际上是平衡障碍。患者常出现头晕眼花、头痛头胀、恶心呕吐、脸色苍白等症状。

眩晕可以分为两类：一种是中枢性眩晕，另一种是周围性眩晕。

中枢性眩晕是小脑、脑干等中枢部位病变，出现了缺血（缺血性脑梗死）、出血（脑出血）、脱髓鞘以及感染、肿瘤等病变所引起的眩晕。患者除了出现眩晕外还伴有其他神经系统受损的症状和体征。这类眩晕相比周围性眩晕剧烈程度要轻，但是症状持续时间比较长。

周围性眩晕是前庭等器官病变所导致的眩晕，比较常见的是梅尼埃病，患者会感到眩晕、耳鸣和听力减退。此外，耳石症也是一种常见的周围性眩晕，耳石症与体位变化有关，往往程度比较剧烈，但眩晕持续时间比较短。

眩晕的关键在于前庭系统

人体平衡的维持离不开传送和整合。正常情况下，我们的视觉、触觉、听觉等器官将获得的位置信息传入中枢神经系统进行整合，整合后再将信息传出，以调整位置、维持平衡。这一传送过程中最关键的环节就是位于内耳的前庭系统。如果一些因素影响了传送过程的某一环，导致平衡无法维持，就会引起眩晕。

前庭是人体对自身运动状态和头在空间位置的感受器。它是位于内耳迷路中的一组装置（包括半规管、椭圆囊和球囊），主管头部平衡运动。前庭系统实质上是一个完整的前庭神经系统。前庭系统由前庭感受器、前庭神经、前庭神经核、7 条神经通路和脑干、小脑和皮层 3 级中枢构成，前庭感受器接受刺激信息，前庭神经把这些信息传送到前庭神经核和小脑，并与其他感觉信息进行整合和处理加工，这些信息再经过多条神经通路被传送到更高层次的中枢或运动神经核，经过更高级的加工整合，形成主观意识或做出功能反应。这些过程实际上都是高级的、复杂的神经反射活动。

天旋地转莫惊慌

绝大多数人一生中均有过眩晕的经历。资料显示，以眩晕为就诊原因的患者约占神经内科门诊的 1/10，约占耳鼻喉科门诊的 1/7。其中，前庭周围性病变约是中枢性病变的 3 倍。过度疲劳、精神及心理因素、脑力劳动也可能会引起眩晕。

眩晕持续的时长因病因的不同而存在较大差异。比如，耳石症眩晕时长较短，一般仅 1 分钟；梅尼埃病眩晕持续 20 分钟至 12 小时；前庭神经炎可持续 1—3 天，部分可长达 1 周。眩晕症多数可自行缓解，治疗效果较为理想。

当出现天旋地转的症状时，无须惊慌，可停止活动，保持静止，有条件可卧床休息。当病情轻微时，患者可根据病因前往神经内科、耳鼻喉科或眼科就诊治疗；如病情严重则应呼叫救护车，尽快入院就医，以免延误病情。

14 巧舌如簧

【释义】簧：乐器中有弹性的用以振动发声的薄片。形容花言巧语，能说会道。

【出处】《诗经·小雅·巧言》："蛇蛇硕言，出自口矣；巧言如簧，颜之厚矣。"

【近义】花言巧语

【反义】笨嘴拙舌

科普知识

舌头是人们最熟悉的器官之一

舌头作为人体的一个重要器官，肩负着说话、咀嚼、吞咽和辨别味道等重要功能。

舌俗称"舌头"，是由骨骼肌构成的人体器官，由深部的舌肌和表面的黏膜组成，位于口腔底部，平均长度约为10厘米。

舌体表面黏膜称舌乳头，是许多粗细不等的乳头状突起。

舌根黏膜表面为舌扁桃体，呈许多小结节状隆起。黏膜上面布满了黏液。

舌肌属于横纹肌，包括舌固有肌和舌外肌。舌内、外肌共同协调活动，使舌在口腔中能向各方灵活运动。

舌固有肌均在舌内起止，分纵行、横行和垂直三种肌纤维。纵行肌纤维收缩时可使舌缩短，横行肌纤维收缩时可使舌变窄，垂直肌纤维收缩时可使舌变薄。

舌外肌有四对，均起自舌外，止于舌内。最重要的一对是颏舌肌，它强而有力。伸舌时两侧颏舌肌同时收缩，拉舌向前下方。如果一侧颏舌肌瘫痪，单侧收缩会使舌伸向对侧（瘫痪侧）。

舌头与美味的关系妙不可言

舌头上有成千上万个味蕾，可以让我们感受各种滋味。味蕾无法被人的肉眼识别，我们看到的舌头上的粉红色的小突起实际上是舌乳头。味蕾是分布在舌乳头表面上的接受味觉的化学感受器，呈卵圆形，由味细胞和支柱细胞组成，能感觉味觉刺激。味蕾顶端有一小孔与口腔相通，称作味孔。当食物溶解后会进入味孔，刺激味觉细胞兴奋，并将信息经神经传至大脑中枢而使人产生味觉。美国的一项研究显示，味蕾细胞每 10—14 天就会更新一次。央视曾经热播的纪录片

《舌尖上的中国》，就向海内外观众展示了中国人的饮食文化和悠长的味觉审美。

舌头和我们的进食与说话能力息息相关

在我们咀嚼食物时，舌头可以帮助食物在口腔中进行搅拌和翻动，协助食物充分地被牙齿磨碎，更有利于食物在人体中被消化。舌头由八种不同的肌肉组成，它鲜有感觉到累的时候。

舌头由十分灵活的肌肉组织构成，我们进行语言交流时，舌头会在它小小的地盘里进行充分活动，从而让我们清晰地吐出每一个字。而我们常说的大舌头、吐词不清等问题也与舌头相关。我国关于舌头与语言的词汇数不胜数，比如“三寸不烂之舌”“百舌之声”“长舌之妇”“赤舌烧城”“掉舌鼓唇”“金舌弊口”“多嘴多舌”“笨嘴拙舌”等。总之，舌头与语言有着密不可分的关系，有了它，我们才能准确地进行口语表达和交流。

观察舌的色、质、形态及舌苔变化可辨证论治

中医对于各种疾病，常结合辨舌来决定诊断和治疗，观舌辨证是中医诊病的传统手段。中医认为，舌体与肺、心、肝、脾、肾等内脏经络相连。脏腑的病变，往往能从舌象上反映出来。“舌为心之苗”“苔为胃气之根”，有经验的医生通过看舌头，便能判断病情的轻重，辨别人体的虚实寒热。

健康人舌背上有一层由脱落的角化上皮、唾液、细菌、食物碎屑及渗出的白细胞等组成的薄白而润的苔状物——舌苔。在正常情况下，人们会通过咀嚼和吞咽动作，以及进食进水和唾液的不断冲洗，清除掉舌表面的物质。因此，健康人舌头本身的颜色淡红，润泽，舌苔薄、白，且均匀。

舌头是人体的一个神奇的器官，它既承载了生活烟火，又蕴含着生命哲思。舌头固然是柔软的，但也是一把锋利的刀；舌头是健康的晴雨表，还是智慧的试金石。人们还常用五味杂陈来形容人生，因为他们懂得，味道是每个人固有的情怀。

15 泪如雨下

【释义】眼泪像雨水一样直往下流。形容极其悲伤或深受感动。

【出处】明·冯梦龙《喻世明言》卷八："眼盼盼看着他人去了，自己不能奋飞。万箭攒心，不觉泪如雨下。"

【近义】泪如泉涌

【反义】笑逐颜开

科普知识

泪腺分泌的眼泪与情感和反射有关

在我们的双眼里各有一个分泌眼泪的小腺体，被称作"泪腺"。我们都有这样的体验，当我们哭泣时，不知不觉中鼻涕也会流下来，真可谓"一把鼻涕一把泪"。这一现象的答案其实就在泪腺中。

让我们先了解泪腺的解剖结构，泪腺位于左右眼眶外上方额骨的泪腺窝内，眼泪的排泄通道称为泪道，泪道包括上泪小点、下泪小点、上泪小管、下泪小管、泪囊以及鼻泪管。泪腺分泌的泪液，排入结膜囊后，通过眨眼分布于眼球表面，并在虹吸作用下通过泪小点、泪小管进入泪囊，再经过鼻泪管到达鼻腔。这就是为什么我们哭泣时不仅有眼泪也有鼻涕，点眼药水时感觉有苦味的原因，这恰恰表明我们的泪道是畅通的。

我们可以这样理解，泪腺是一组负责产生眼泪并收集和过滤泪液的组织。研究表明，人的眼泪主要是由水(98.2%)、少量无机盐、蛋白质、溶菌酶、免疫球蛋白A、补体系统等组成的。泪腺在白天会分泌0.5—0.6毫升的泪液，可以作为眼睛的润滑剂，眼泪中的乳铁蛋白、β-溶素等能抑制细菌生长，保护眼睛免受外来病原体和细菌的侵害。此外，眼泪的分泌会促进细胞正常的新陈代谢。而在人睡觉时，泪腺会停止分泌泪液。

人在伤心或激动时会流出眼泪（情感性流泪）。研究显示，通过强烈的情感体验产生的眼泪，其蛋白质含量更多，并且还有一种类似止痛剂的化学物质。有趣的是，情感性流泪是人类哭泣特有的一种方式，但情感性流泪和普通泪液的味道一样都是咸的，并不像歌词中唱的那样是苦涩的眼泪。

眼泪的作用不可小觑

如上所述，不要小瞧这小小的泪滴，它对于我们的健康生活有重要作用，主要表现在以下三方面：

一是冲洗和稀释作用。当眼睛进入沙尘等异物时，眼泪会反射性地大量分泌，起到冲洗和稀释异物的作用，从而保护眼睛的角膜和结膜免受损伤。

二是润滑作用。角膜表面的一层泪液组织称为“泪膜”，可使眼睛处于较为湿润的状态，润滑眼睑与眼球的接触，眼球转动灵活也离不开泪膜的润滑。此外，泪膜还向角膜提供必需的营养物质。我们都有体会，如若长期持续地睁眼，眼睛会有干涩刺痛等不适感，这就是泪膜润滑作用无法发挥的结果。有的人泪膜不完整或患干眼症，眨眼会有异物感，也与泪膜润滑作用受限有关。

三是杀菌作用。泪液中含有较多的溶菌酶，可以起到一定的消炎杀菌作用，促使细菌溶解死亡。同时，眼泪中也含有较多的免疫球蛋白，免疫球蛋白也有一定的杀菌、抑菌作用。

适当地流眼泪有益健康

美国人类学家阿希莱蒙塔戈提出，流眼泪对人体具有益处，人类会流泪正是适者生存的结果。今天，越来越多的研究也认同适当地流眼泪对人体有益。

研究证明流眼泪有助于人体排出部分毒素，是缓解不良情绪最有效的方法之一。受了委屈或被悲伤痛苦折磨时痛快地哭出来，能起到发泄负面情绪的作用。强烈的负面情绪会分泌一些有害的神经递质，而眼泪可以把它们排出体外。另一方面，哭泣也是呼吸系统、循环系统、神经系统的协同运动，这种运动能使肌肉放松，从而使人感到轻松，对维持心理健康非常有益。

当遇到强烈的刺激却强忍泪水，时间久了可能会憋出病来，如溃疡病、高血压、精神障碍等疾病均与情志相关。研究发现，眼泪的成分在男女性中并不相同，眼泪中有一种叫作催乳激素的激素，在女性的眼泪中含量要高于男性，有学者猜测这种激素差异或许是女性比男性更爱哭的原因之一。

因此，流眼泪是一种自然的生理或情绪反应，对于身体健康有一定的益处。当然，凡事都有个“度”，哭得太久、太强烈不仅会使眼睛红肿影响美观，更有甚者还可能损害眼睛功能，有损身心健康。

病态的流泪需引起重视

眼科专业名词“流泪”与我们平时所说的流眼泪不同，是指泪液分泌过多，不能正常排出而自睑裂部流出。泪液分泌过多可能是由药物或者化学刺激引起的，也可能是由泪腺本身的炎症所致。

眼科中所指的“溢泪”是指泪腺分泌泪液功能正常，但由于泪道系统阻塞或狭窄，泪液不能由泪小管进入鼻腔而外溢。

如果发现有病态的流泪，一定要去眼科检查，明确诊断，正确治疗。

眼泪虽小，但作用大，对于我们拥有一双明亮的眼睛非常重要。

人生是个含泪的微笑，懂了泪水，就懂了生活。

16

目不转睛

【释义】 睛：眼珠。看时连眼珠都不转动。形容注意力集中。

【出处】 晋·杨泉《物理论》："目不转睛，膝不移处。"

【近义】 目不斜视

【反义】 左顾右盼

科普知识

正常情况下，我们的眼球可以自如地转动

我们的眼球为什么可以转动自如？是因为有六条肌肉共同调节眼球的运动，它们互相协调、互相控制，使眼球可以上下左右自如地转动。

这六条肌肉分别是上直肌和下直肌，内直肌和外直肌，上斜肌和下斜肌。其中上直肌、下直肌、内直肌、下斜肌由动眼神经支配，外直肌由外展神经支配，上斜肌由滑车神经支配。

眼的内、外直肌主要负责眼球向内或向外转动；上、下直肌可以使眼球上转或者下转，同时内转；上斜肌的支配使眼球可以旋转，还支配眼球向下转动和向外转动；而下斜肌主要是使眼球向外转动，同时还使眼球向上和向外转动。在这六条肌肉中上斜肌和下斜肌是眼球运动的主要肌肉。如果某一条肌肉出现力量减弱或者是过强的情况，该条肌肉所支配的眼球运动方向则会出现失衡。

“目不转睛”可能是眼球运动障碍

在眼科医生看来，“目不转睛”除了专注外，还可能是眼球运动障碍。

眼球运动障碍就是由动眼、滑车及外展三对支配眼球肌肉的运动神经单个或同时受到损害引起的症状。正常的眼球向上、向下运动的范围均为 5 毫米左右。如果不能达到这一范围即为眼球运动障碍。临床比较多见的是动眼神经麻痹和外展神经麻痹。

眼球运动障碍主要为双眼不能同向运动、瞳孔大小异常、复视（表现为双眼视物成双）等症状。当发现上述症状时需要及时就医，一般需经药物或手术治疗。

能够引起眼球运动障碍的原因有很多，外伤尤其是锐器伤可以直接损伤眼外肌，感染、血管性病变则会影响支配肌肉的神经功能。对于中老年人，高血压、糖尿病可以引起微血管循环障碍从而导致神经功能异常；对于年轻人排除外伤、感染后，则要警惕颅内动脉瘤的可能。所以眼球运动障碍发生后，除常规眼科就诊外，还需要内科医生帮助控制高血压、糖尿病，必要时还需要神经科医生的会诊以排除颅内隐匿的病变。

眼球的转动也与内心活动有关

“眼睛是心灵的窗口”，一个有趣的现象是，眼球的转动往往可以透露出我们的内心活动。当眼球滴溜溜地转动时，很可能是正在动脑筋；当眼球漫无目的地转动时，可能是一种心不在焉的表现。

心理学研究认为，当人们看到喜欢的事物时，眼睛就会无意识地睁大。例如，一个古董收藏家收集到一些精品，或者一件梦寐以求的珍宝，他们的眼睛就会比平时睁大许多倍；打牌的时候有人摸到某张牌时，眼睛突然亮了一下，这时，基本可以断定他摸了一张好牌；当两人相遇，一个男人看到一个女人瞳孔放大，几乎可以断定，他对她感兴趣。

经常转动眼球好处很多

研究显示，经常转动眼球可以增强眼部肌肉的收缩与舒张，促进眼睛的血液循环，从而起到预防视疲劳的作用。此外，经常转动眼球有利于增加眼睛的灵敏度，提高大脑的活性，可以在一定程度上缓解精神压力。同时，由于眼部血管丰富，穴位较多，经常性地转动眼球，可以保护眼部器官功能；经常转动眼球还可以有效预防近视、散光、远视、老花等。

我们都知道，打乒乓球对于预防近视有一定作用。其原因在于乒乓球的来往速度飞快，落点复杂，运动员必须通过眼睛获得球的运动信息。这时，运动员的眼球始终在快速的转动中，通过眼部复杂的神经反馈给大脑，这个过程放松了睫状肌，对于保护视力、预防近视起到了积极的作用。

由此可见，正常情况下，我们的眼球可以自如地转动，“目不转睛”往往是内心活动的体现。但是，如果发现眼球不能随意转动，“目不转睛”成了常态，要及时去医院眼科检查，寻找病因啊！

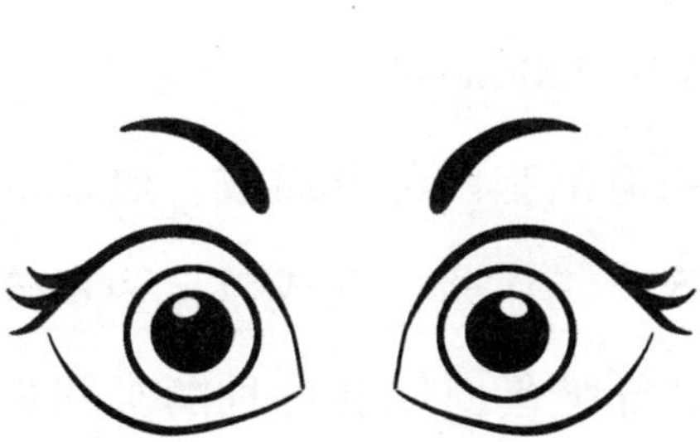

17

血流如注

【释义】注：喷射。血流得像射出来那样。形容血流得又多又急。

【出处】唐·段成式《酉阳杂俎续集·支诺皋中》：“其物匣刃而走，血流如注。”

科普知识

人体内的红色“河流”

血液是流动在人的血管和心脏中的一种红色不透明的黏稠液体。成人血液的相对密度为1.050—1.060，pH为7.3—7.4，渗透压为280—320 mmol/L。

血液由血浆和血细胞两部分组成。血浆是一种无形的液体，约占血液的55%，血浆中九成以上为水分，其他成分有白蛋白、球蛋白、纤维蛋白原和各种酶类等蛋白质，还含有人体必需的无机盐、脂类内分泌激素、维生素等。血细胞约占血液的45%，包括红细胞、白细胞和血小板，是血液的有形成分。在显微镜下可以清楚地观察到三大血细胞的性状。

一般来说，人体血液中的白细胞 10 天左右就会更新一次，血小板需要更新的周期略短于白细胞，红细胞需要的周期最长，大约三个月更新一次。在正常状态下，健康人每天都有一定的血细胞（约 40 毫升）衰老死亡。当然，同时会有相应数量的血细胞新生。

在一般情况下，人的血液量是相对恒定的，正常成年人全身的血量大概相当于体重的 7%—8%。人体的血液总量除了受体重影响外，还存在一定的个体差异，在不同情况下也会有代偿性的改变，但一般不会超过 10%。如男性的血液量大于女性，运动员的血液量多于常人，妊娠期女性的血液量也会增多。

血液成分的改变与机体的生理和病理息息相关，因此血液成分的检测在临床诊治疾病中有着重要的意义。

血液循环的秘密

1618 年威廉·哈维发现了人类赖以生存的血液不断循环的规律是整个 17 世纪甚至是整个近代最伟大的发现——人体内竟然有一条永无止境的“河流”哺育着各个器官。

大家都知道，血液循环对人体至关重要，如失血过多会危及生命；心脏骤停则会导致猝死。血液循环的重要意义在于保证机体进行新陈代谢。

简而言之，心脏、动脉、毛细血管和静脉共同组成了一个闭环通路——血液在心脏这个泵的作用下循着这个闭环通路周而复始地流动。这个闭环通路包括体循环和肺循环。

体循环的血液从心脏左心室出发，运输动脉血，经过主动脉到达人体的各个组织和器官进行滋养，同时将代谢产物和二氧化碳经上腔静脉和下腔静脉运输回心脏右心房。肺循环就是肺部的血液循环，通过气体交换使暗红色的静脉血转变成含氧丰富的鲜红色的动脉血。

血液循环实现了血液最基本的运输功能。血液的运输功能主要是靠红细胞来完成的。人体自肺吸入的氧气以及由消化道吸收的营养物质，都要依靠血液运输才能到达全身各组织器官。同时将组织代谢产生的废物运输到肺、肾等器官，以维持机体的正常新陈代谢。除了运输功能外，血液还有三大功能：参与体液调节、保持内环境稳态、防御功能。

如此看来，人体内果然有一条永无止境的“河流”，这条“河流”起始于心脏又汇入心脏，包括体循环和肺循环，并互相连接，源源不断地滋养着各个器官，延续着我们的生命。

ABO 血型

血液中还包含着染色体和基因等遗传物质。ABO 血型系统是人类第一个被发现和确定的血型系统。由奥地利科学家兰德斯坦纳于1900年首次发现。这一分型被广泛应用，我们平时常说的A、B、AB、O型血就是这一血液类型系统。它其实是根据红细胞表面有无凝集原A、B的分布进行的分型。

众所周知，人类血型具有遗传特性，父亲、母亲血型与子女血型间存在着规律性的遗传关系，不仅可以作为法医学上鉴定亲子关系的依据，还可以在医学上通过遗传图谱揭示遗传病的病因规律。这在实际工作中应用非常广泛。

人体内有一条“河流”哺育着各个器官，就像黄河哺育着中华儿女。血液椭圆形的运动轨迹也妙不可言，如同天体的运动轨迹一样，首尾总是相接。心脏向主动脉供应的血液会在23秒后通过静脉重回心脏。

18

骨瘦如柴

【释义】 瘦得如同柴棒。形容非常消瘦。

【出处】 明·冯梦龙《警世通言》卷四："延及岁余，奄奄待尽，骨瘦如柴，支枕而坐。"

【近义】 瘦骨嶙峋

【反义】 大腹便便

科普知识

运动系统需要骨骼和肌肉的支撑

运动系统的功能主要是运动，此外还有支持和保护的作用。运动系统的组成包括骨、骨连接和骨骼肌。骨与骨之间通过关节等方式相连构成骨骼，骨骼是人体体型的基础，骨骼为肌肉提供了附着点。骨骼肌是运动系统的主动动力装置，在神经的支配下，肌肉产生收缩，其所附着的骨被牵拉，以可动的骨连接为枢纽，从而进行杠杆运动。

人的体型是对人体形状的总体描述和评定，可以反映人体形态特征和各个组成部分结构的比例。人的体型与运动能力和其他机能有密切的联系，在运动医学、人类体质学等很多学科中备受关注。

成年人体型大致可以分为三类。无力型（瘦型）：此类体型瘦长，腹上角小于90°；超力型（胖型）：此类体型矮胖，腹上角大于90°；正力型（匀称型）：此类体型匀称，腹上角等于90°。其中，正力型体型的人，身高和体重比例适中，躯干与四肢及身体各部分比较匀称，是健康的理想体型。

由此可见，“骨瘦如柴”缺少健美的肌肉，体形消瘦无力，少了肌肉的运动系统功能受限，对于健康极为不利。

适量的脂肪对健康很重要

人体内的脂肪是人体必需的营养素之一。它存在于皮下组织中，具有贮存能量、保护内脏、维持体温的作用。脂肪对人体必不可少，但过多或过少都不利于健康。当脂肪在人体贮存过多时人的体型会显得肥胖，肥胖可能导致代谢紊乱，是高血压、高血脂、糖尿病等慢性病的主要危险因素。

脂肪除了可以为人体提供能量外，还具有保护脑细胞和神经细胞的作用。这是由于脂肪中含有的磷脂和胆固醇在脑细胞和神经细胞中含量最多。此外，脂肪还在保护关节及内脏器官，以及调节人的体温中发挥着重要作用。在各内脏器官的间隙中分布着脂肪，其作用相当于缓冲肉垫，可以保护脏器免受震动或机械损伤。成人每天脂肪摄入量应为50—60克，其中饱和脂肪应控制在每日总能量的10%以下。每餐保证吃些肉、蛋、奶等食品，一般可满足健康的需要。

因此，“骨瘦如柴”者实为脂肪严重不足，健康状况需引起足够重视。

保持标准体重是健康的标志

反映和衡量一个人健康状况的重要标志之一就是标准体重。我们应该知道，标准体重与个人的身高和性别有关系。保持标准体重是健康的标志，过于肥胖或者过于消瘦对于健康都是不利的，也不会给人以健美感。

如何判断体重是否标准，常用的指标是身体质量指数（简称BMI）。BMI是国际上常用的衡量人体胖瘦程度以及是否健康的一个标准。其计算公式是体重（kg）除以身高（m）的平方，其单位为kg/m^2。BMI的正常值为18.5—23.9 kg/m^2，当BMI低于18.5 kg/m^2时为体重过低，BMI在24.0—27.9 kg/m^2为超重，BMI等于或高于28.0 kg/m^2为肥胖。

另外有一种计算方法为标准体重（kg）=身高（cm）-105。这一公式得出的体重加减10%的范围可认为是正常。当实际体重低于标准体重10%者为偏瘦，低于20%者为消瘦；反之，当超过标准体重10%者视为偏重，超过20%者视为肥胖。需要注意的是，这一估算方法有一定的局限性，对儿童及老年人并不适用。

“骨瘦如柴”是病态

“骨感美”是当今比较流行的一种审美，是指由于多余脂肪少，使骨骼显露，人体线条清晰匀称的一种美感。“骨感美”通常需要通过科学的饮食和健身训练才能实现。“骨瘦如柴”在医学上可以理解为消瘦。消瘦一般都是短期内呈进行性的，是指人体因疾病或某些因素导致的体重低于正常值的20%以上，体内脂肪与蛋白质减少、皮下脂肪减少、骨骼突出、肌肉松弛、皮肤缺乏弹性等表现。显然，“骨瘦如柴”与“骨感美”截然不同，“骨瘦如柴”是一种明显的病态。

“骨瘦如柴”多由营养不良而导致，食物缺乏、偏食等均可造成营养不良。“骨瘦如柴”还常见于各种影响进食的疾病，如慢性胃肠病及慢性肝、胆、胰病以及尿毒症等。此外，一些需要增加食物或消耗过多食物的疾病也可表现为“骨瘦如柴”，如甲亢、糖尿病等代谢性疾病等。

“骨瘦如柴”也是肿瘤晚期患者常见的表现，医学上称为“恶病质”，或“恶液质”。从外观上看，表现为极度消瘦，皮包骨头。这主要是由肿瘤晚期患者进食受限而消耗增多导致的。它是患者直接死亡的原因之一。

过度减肥也会导致“骨瘦如柴”。在这个以瘦为美的时代，减肥似乎成了一个时尚的名词。有的女明星被爆出体重只有 70 多斤，照片清晰可见一根根肋骨暴露于皮下，真可谓“骨瘦如柴”了。有些女性朋友，本来属于正常体重，但一味地效仿明星，为追求“瘦”而过度节食。过度减肥初期能量供应不足，会表现为容易疲劳、抵抗力下降、注意力难以集中等。研究显示，脂肪量过低与骨质疏松也有密切关系。长期的过度节食容易诱发心理疾病，如悲观抑郁、神经性厌食症等。抑郁症表现为对事物的兴趣降低，失眠、身体不适、情绪低落等，严重者有自杀倾向。神经性厌食症患者往往无法正常进食，表现为吃不下东西，极度消瘦，身体机能衰弱，严重者无法正常学习和工作，如不治疗会有性命之忧，对人体健康影响极大。

健康是每个人最大的财富，健美的体型传递着健康的讯息，而“骨瘦如柴”往往是一些疾病向我们发出的信号。当我们的体重骤降时，应引起注意，寻求原因并积极地治疗。爱美的女士应该认识到“骨瘦如柴”是病态。好的身材需要我们合理饮食、科学锻炼，以健康的生活方式来实现。

愿我们都拥有健康的体魄，以充沛的精力工作学习，以快乐的心情享受生活！

19

肝胆相照

【释义】 相照：相互照见。表现对人忠诚，以真心相见。

【出处】 宋·文天祥《与陈察院文龙书》：“所恃知己，肝胆相照，临书不惮倾倒。”

【近义】 披肝沥胆

【反义】 钩心斗角

科普知识

传统医学中的“肝胆相照”

肝与胆的关系密不可分，中医认为，无论在解剖结构、生理功能还是经络循环中，肝与胆均休戚相关。肝与胆都是人体的重要器官，主司人之情志、代谢、生理周期等各个方面。

如《素问·灵兰秘典论》：“肝者，将军之官，谋虑出焉。”“胆者，中正之官，决断出焉。”《灵枢本输》曰：“胆者，中精之府。”在人体的情志活动中，肝与胆相互配合，使人决断而不怯懦。中医脏腑学说认为，肝与胆脏腑相连，胆附于肝，乃“肝之余气所化”，且肝胆经络互为表里，认为肝的生发输布离不开胆的辅助，因此肝胆实乃一荣俱荣，一损俱损，休戚与共。在中医临床治疗中往往肝胆同治，因为常见肝病胆亦病，胆病必及肝的情况。

这也是最初人们用“肝胆相照”来形容密切的相互照应关系的缘由。

现代医学中的“肝胆相照”

现代医学研究证实，肝脏与胆道在解剖、生理与疾病等方面均有着复杂而深刻的联系。肝脏与胆囊相通，二者共同完成胆汁的分泌与转运。当胆道出现病变时，胆汁会影响肝脏功能；反之，当肝脏出现问题时，也会影响胆汁而导致胆道疾病的发生。

从解剖学上来看，肝脏是人体最大的腺体，一般重1200—1600克，质软而脆，为红褐色楔形，右端圆钝，左端扁薄。肝脏可分为上下两面（肝的上面隆凸称膈面，肝的下面凹凸不平称脏面），前后两缘，左右两叶。肝脏脏面的中部有H形的两条纵沟和一条横沟。胆囊就位于肝脏的下方，容纳于右侧纵沟的前部，胆囊与肝脏直接接触并相通。胆是一个中空的囊状器官，胆内贮藏着胆汁，胆汁是一种清纯、味苦的黄绿色液体。肝与胆的结构与功能密切相关，因此将肝脏与胆道（包括肝内胆道和肝外胆道）合称肝胆系统。我们可以这样认为，胆道并不是一个独立的系统，胆道起源于肝脏，是隶属于肝脏的一个分支机构。

在生理功能方面，胆汁像一条纽带将肝与胆紧密联系在一起。您知道吗？胆汁是由肝脏产生的，它最先由肝细胞分泌到毛细胆管或肝毛细胆管中；另一方面，胆汁的转运与胆道功能关系极大，胆汁如果不能顺利排入小肠，可能引起胆汁淤积，进而反过来引起肝脏的损伤。

在疾病方面，肝脏可以通过改变胆汁中的成分从而引起胆囊疾病的发生。比如当肝脏发生某些疾病时，胆汁酸分泌减少，就有可能引发胆结石。再比如肝胆疾病的常见症状有黄疸、恶心呕吐、厌油腻、上腹痛等。

养肝护胆，身心健康

由上文可知，肝与胆关系密切，一些精神疾病多与肝胆气虚有关。在养生保健上，我们应该做好以下几方面以养肝护胆。

第一，要保持心情舒畅，良好的心态对于肝胆的滋养至关重要。脂肪的转化和全身代谢的调整都需要肝气通达，胆汁输送通畅。研究表明，不良的情绪可以使肝脏疏泄失常，肝郁气滞，气滞血瘀，肝伤则胆衰，持续时间长了就容易导致抑郁、失眠、焦虑不安等精神疾病。

第二，要生活规律，起居有常。要养成顺应四季的规律的生活起居习惯。生活规律，劳逸结合，保证充足的睡眠，这些对于养肝护胆非常重要。胆经在子时最旺，肝经在丑时最旺，因此，在子时（23：00—1：00）前入睡，有利于保护体内肝胆代谢和气血通畅。

第三，要合理膳食，戒烟限酒。肝胆是人体重要的消化器官，平时要减少过多的脂肪和胆固醇摄入，以清淡易消化为首选，这对于预防脂肪肝和胆结石非常重要。饮食宜选择富含优质蛋白质、高维生素、高纤维素和低胆固醇的食物。另外，吸烟和饮酒对于肝脑的伤害已有诸多报道。养肝护胆，必须戒烟限酒。

第四，适度运动，可以助肝疏泄升胆气。如慢跑、健步走、游泳等。八段锦也是一项不错的选择，其中的“调理脾胃须单举”这个动作就是调理肝胆的。

第五，合理用药，预防药物性肝病。无论中药还是西药，绝大多数药品都是经肝脏代谢的，滥用药品很可能会损伤肝功能，因此，在服药时必须阅读说明书，遵医嘱，千万不可滥用药物。

总之，“肝胆相照”蕴含着深刻的医学意义，“肝”与“胆”赤诚相照，荣辱与共，为我们的身心健康保驾护航。

20 大腹便便

【释义】便便：肥满的样子，形容肥胖。

【出处】《后汉书·边韶传》：“边孝先，腹便便。懒读书，但欲眠。”

【近义】满脑肥肠

【反义】骨瘦如柴

科普知识

中西医学对“大腹便便”的解读

大腹便便是一种不健康的表现，这一点中医早有记载。在《黄帝内经》中，将肥胖分为三种类型，分别是“膏人”“脂人”和“肉人”。“膏人”指皮肉松弛，身体小腹部大，脂肪集中于腹部，其腹部膨隆；“脂人”指肥胖而皮肉紧致；“肉人”指肌肉壮实的那种肥。可见，“大腹便便”符合“膏人”的特征。中医认为“膏人”源于脏腑气化功能异常，常见舌象淡暗，与年长日久的血瘀之象有关。

现代医学一般认为“大腹便便”者属于“腹型肥胖”。腹型肥胖，是指脂肪在腹部及躯干部集聚，表现为腰围的增加，腹型肥胖又称中心性肥胖、向心性肥胖或内脏性肥胖。我们平素所说的“啤酒肚”“将军肚”就是典型的腹型肥胖，此类身材呈苹果型，腰部像个救生圈，四肢相对腰部较细。诊断腹型肥胖的标准一般有两个指标，一个是腰围，一个是腰臀比。一般而言，我国男性腰围>90 cm，或腰臀比>1.0；女性腰围>85 cm，或腰臀比>0.9 就可以诊断为腹型肥胖。

“大腹便便”隐患多

腹型肥胖与年龄、遗传、饮食、生活方式、疾病和药物等因素有关，多数情况是由不科学的饮食以及久坐不动造成的。大腹便便的人在饮食习惯上可能倾向于高热量、高脂肪的食物，如猪肉、坚果、饮料等，对于零食和甜食也比较偏爱；长期饮酒也容易使人大腹便便，酒精是导致“啤酒肚”的主要原因之一。此类人群可能平日运动量少，当摄入明显多于消耗，而且人体代谢不了过量的脂肪时，脂肪就堆积在肚子和内脏中。一般认为，年龄增大、个体因素、糖皮质激素等也是导致腹型肥胖的原因。

“大腹便便”这种体型往往伴有病态。此类体型者不仅是“皮下脂肪”在腹部过度堆积，往往内脏脂肪量较多，还常伴有脂肪代谢异常。那么什么是内脏脂肪呢？内脏脂肪是指沉积在腹腔内的脂肪，主要在肝脏、胰腺、胃肠道等器官周围和内部堆积。现代医学研究表明，腹型肥胖是许多慢性病的危险因素，如 2 型糖尿病、高脂血症、高血压、冠心病、脑卒中、非酒精性脂肪肝、睡眠呼吸暂停综合征、高尿酸血症等疾病。这些疾病与腹型肥胖的关系密切，对人体危害极大，必须引起我们足够的重视。

睡眠呼吸暂停综合征患者因缺氧等因素夜晚打呼噜、睡眠质量低，白天容易打瞌睡。“大腹便便”出处典故中的边孝先可能已经患上睡眠呼吸暂停综合征，只是他的学生不明其由，才会编出“懒读书，但欲眠”的顺口溜来取笑他。殊不知“大腹便便”者的难言之痛啊。

吃动平衡，拒绝“大腹便便”

要想去掉“啤酒肚”不是一朝一夕的事情，要持之以恒。“合理饮食、适量运动、心理平衡、戒烟限酒”是健康的四大基石，也是“大腹便便”者要遵循的“十六字箴言”。减重的总体原则是限制总热量和脂肪摄入量。世界卫生组织（WHO）建议的运动干预是每天至少 30 分钟中等强度的运动。当然，不同年龄、不同成因、不同需求的人群应做相应的调整，有条件者建议去医院咨询专业人士，如内分泌、营养科医生，并制订科学且有针对性的饮食和运动方案。

随着人们生活水平的提高，见面寒暄“最近胖了”的时代一去不复返，“大腹便便”对健康的危害不容小觑。吃动平衡，行动起来，拒绝“大腹便便”，轻松健康地拥抱每一天。

21

气喘吁吁

【释义】吁吁：喘气的声音。呼吸急促的样子。形容非常劳累。

【出处】明·冯梦龙《醒世恒言》卷三〇：“李勉向一条板凳上坐下，觉得气喘吁吁。”

【近义】气喘如牛

科普知识

呼吸是生命四大体征之一

呼吸是人体内外环境之间进行气体交换的必需过程。我们每个人每时每刻都离不开呼吸，通过呼吸吸进氧气，呼出二氧化碳，才能维持我们的正常生理功能。

呼吸是生命四大体征（呼吸、体温、脉搏、血压）之一。正常成人的呼吸频率均匀而有规律，静息状态下每分钟为12—20次。婴儿的呼吸频率快于成人。一般而言，呼吸异常减慢或增快常常是一些疾病的表现。

人的呼吸过程包括外呼吸（包括肺通气和肺换气）、气体在血液中的运输和内呼吸（指组织细胞与血液间的气体交换）三个互相联系的环节。

潮气量和肺活量是反映呼吸功能的两个指标。潮气量是指静息状态下每次吸入和呼出的气体量，健康成年人大约为500毫升。肺活量是指人尽最大能力吸气，然后再尽最大能力呼气，这时所能呼出的气体量。正常成人男性的肺活量（3500—4000毫升）高于女性（2500—3500毫升）。运动员的肺活量会明显高于常人。

气喘吁吁可能是呼吸困难的预警

大多数人都有过气喘吁吁的经历，比如在跑步、爬山、爬楼梯等剧烈运动的时候。正常情况下剧烈运动之后，休息休息，气喘吁吁的状态就会消失，而在患有某些疾病的情况下，气喘会难以缓解，更有甚者在轻微运动或是静息状态下也会呈现气喘吁吁的状态，这就需要引起我们的警惕，及早就诊，明确病因，对症治疗了。

气喘是呼吸困难时所发生的一种表现，轻症患者在活动时呼吸急促，重症患者在安静状态下便有呼吸费力、平卧时呼吸受限等表现。气喘的诱因除了活动外，还与接触冷空气或过敏原等因素相关。

气喘吁吁常伴有气促，剧烈运动时由于机体的耗氧量增加，呼吸的节奏和频率可能会随之加快，多表现为呼吸强度浅而呼吸频率快，最终并不能吸入更多的氧气。一般每分钟呼吸次数超过 20 次，呼气吸气非常不均匀且时间十分短暂，被视为呼吸急促的表现。

引起气喘的原因较多，最常见的包括支气管哮喘、慢性阻塞性肺疾病、慢性支气管炎等呼吸系统疾病，也见于心力衰竭、心包积液、肺动脉高压等心血管疾病。此外，中毒、脑部疾病和血液病等也可通过神经—内分泌等调节或反射方式迁延于呼吸系统而引起气喘的发生。

健康起居，适度运动谨防气喘发生

气喘以对因、对症治疗为主，必要时给予氧气支持。气喘患者在生活中宜起居有常，注重休息，适度锻炼，注意增强体质，提高免疫力。平时以清淡饮食为主，严禁吃辛辣刺激的食物，避免接触冷空气和过敏原，并注意保持大便的通畅。同时，保持乐观平和的心态也至关重要。

总之，气喘吁吁是一种呼吸困难的症状，可发生于生理或病理状态下，持续或难以缓解的气喘需引起足够的重视，及早就医寻找病因，对症对因治疗。在此，我们倡导大家，尤其是青少年开展全民健身活动，做到“每天参加一次以上的体育健身活动，学会两种以上健身方法，每年进行一次体质测定”，以强健我们的心肺功能，预防气喘的发生。

22 交头接耳

【释义】 交头：头靠着头；接耳：嘴凑近耳朵。形容彼此靠得很近，低声交谈。

【出处】 明·冯梦龙《喻世明言》卷四〇："又行了几日，看见两个差人，不住的交头接耳，私下商量说话。"

【近义】 窃窃私语

【反义】 高谈阔论

科普知识

耳朵是我们重要的听觉器官，其大部分的解剖结构都在头颅的骨性部分内，受到颅骨的保护。耳廓是最外面的部分，对称的贴附在头颅两侧，形态因人而异。

耳廓除耳垂由脂肪与结缔组织构成，其余部分均由弹性纤维软骨组织构成。耳廓与头颅约成 30 度角，其软骨外覆软骨膜与皮肤，神经纤维随血管供应分布于软骨膜。

耳廓最重要的作用是收集声音。很多听觉敏感的动物耳廓都比较大，如鹿、兔子、狗等。一般来说，动物的耳朵后方有立耳肌，可以帮助耳朵转动并收集不同位置的声音。

人类的立耳肌已严重地退化，所以耳廓基本很难再有大幅度的动作。但是，耳廓依然是人类的重要器官。

那既然人的耳朵不能转动，我们是如何感知声音的方向的呢？

人耳辨向能力的实现其实包含了许多的机制和机理。人的左、右耳对于同一个来源的声音的识别具有时间差、声强差及相位差。耳朵敏锐的听觉感知可根据这些微小的差别，来准确判断声音的方向并确定声源位置。

其中，耳廓对声波的反射以及对空间声源的三维位置起了重要的定向作用。当转动头部时，声音频谱也会发生相应变化，我们就可以通过这个方式来判断声音是从前后、左右，还是从上面、下面或中间传来的。所以，在很多关键时刻，我们会“竖起耳朵”仔细听，甚至转变头位来确定声音的来源。

耳廓对我们的整个听觉器官有保护作用，它可以帮助抵御外来异物对外耳道和鼓膜的损害。

当然，耳廓对于人体也有比较特殊的作用，如架眼镜、戴口罩，还有爱美人士穿耳洞带耳饰，这些不是耳廓的自带属性，而是属于人类赋予耳廓额外的“后天”作用。

耳廓由于血管位置浅表、皮肤菲薄，再加上其独特的“地理”位置，在冬天很容易出现低温冻伤。说起冻耳朵这件事，我们不免会想到“吃饺子”这个习俗。我国各地在冬至时有不同的传统风俗，北方地区老百姓多会宰羊吃饺子。据说这个习俗来自医圣张仲景的“祛寒娇耳汤”。

“祛寒娇耳汤”就是用羊肉和一些祛寒的药物放在锅里一起炖煮熬制而成的汤。炖煮的材料熟了以后捞出做馅儿，面皮包好后再下锅煮熟。其主要功效是驱寒，防止耳朵冻烂，又因面皮包好后的样子像耳朵，所以张仲景给它取名叫“娇耳”。人们吃了“娇耳”，喝了汤，浑身发暖，两耳生热。现如今“祛寒娇耳汤”很少有人吃了，但大家在冬至这天吃饺子的习俗流传了下来。

再说回我们前面讲到的耳廓冻伤。初起会出现局部红肿，奇痒难忍、发热，后逐渐感到刺痛，有的会出现皮肤发亮并伴水疱形成。严重的耳廓冻伤会出现皮肤破烂、溃疡，耳廓有黄色渗液，表面结痂，更有甚者会“冻掉耳朵”。

现在，随着人们生活水平的提高，临床上很少见到耳廓冻伤的病人。但是在寒冷的天气下，大家还是要重视给耳朵保暖的工作。

保护耳朵、爱护听力，我们除了做到避开噪音、避免不当的挖耳等事项，更要做好冬季的保温防护工作，戴帽子或者耳套来保护好我们的耳廓。

23 头痛医头，脚痛医脚

【释义】指哪里有病痛就治哪里，不医治病根。比喻做事只临时应付，就事论事，而不从根本上解决或缺乏全盘计划。

【出处】《朱子语类》卷一一四：“今学者亦多来求病根，某向他说头痛灸头，脚痛灸脚，病在这上，只治这上便了。”

【近义】就事论事

科普知识

秋冬季节是上呼吸道感染性疾病的高发季，每年这个时候都会有许多因为耳朵痛来看急诊的孩子。医生在仔细询问病史和专科查体之后发现，多数孩子的耳痛是急性中耳炎导致的，他们在近期都有感冒病史。

咽鼓管，是连接鼻腔和中耳的结构。简单地说，当鼻子出现感染或者脓涕较多时，就有可能通过咽鼓管引起中耳的感染。

所以，在治疗上，医生并不会只针对耳朵用药，而是重点通过治疗鼻子来改善咽鼓管功能，从而消除中耳的炎症。常见的治疗方法有鼻腔喷药、鼓励孩子清理鼻腔脓涕、使用促进分泌物排出的药物等。耳朵生病不能只顾着看耳朵，还要把鼻子的问题解决好。

这个病例向我们很好地说明，治病不能只是简单的“头痛医头，脚痛医脚”。

其实，从这个成语的字面来看，头痛医头、脚痛医脚就是人们常说的“治标不治本”的方法。治标在正常情况下属于对症治疗。在患者的病因没有查明之前，针对患者出现的症状和体征来进行诊断并给予相对应的治疗，通过对症治疗来缓解患者最突出的临床症状，稳定生命体征，为查明病因赢得时间，这本也无可厚非。比如，休克时使用扩容及血管活性药物，高热时的物理降温，尿潴留时的导尿术等。

而且，医生在对症治疗的时候，也会针对不同的病情给予不同的处理。急诊常常会遇到急性腹痛的就诊患者，医生在未明确诊断前，是不会贸然给予镇痛药的，以免掩盖原有病情，误导诊断甚至耽误治疗。只有诊断初步确立后，医生才会使用镇痛药或解痉药来缓解患者的痛苦。

关键是接下来，我们还需要学会透过现象看本质。只有找到发病的原因，才能更好地对因治疗，这是治本。比如休克，医生要尽快明确是低血容量性（如失血性）、血管扩张性（如过敏性）还是心源性因素导致，才能更好地进行下一步有效治疗。

另外，医学上也有太多的被临床假象所蒙蔽的疾病。比如，在耳鼻咽喉头颈外科的急诊中，医生就曾遇到过因主诉"咽痛 5 小时"来就诊、却在详细询问病史并进行相关检查后被诊断为"急性心梗"的患者。所以，医生需要有扎实的医学理论基础和丰富的临床经验积累，才能更好地看清楚疾病的"真相"，更好地服务患者。

随着社会的进步和科技科研能力提升，医学也进入了全新的发展时代。1977 年，美国罗切斯特大学精神病和内科学教授恩格尔提出了新的医学模式概念，即生物—心理—社会医学模式。他指出，人们对健康和疾病的了解，不仅局限在对疾病的生理（生物医学）解释，还包括了解患者（心理因素）、患者所处的环境（自然和社会因素）和帮助治疗疾病的医疗保健体系（社会体系）。半个多世纪的医学践行，揭示了生物—心理—社会医学模式所包含的三种因素，共同导致生物学变化的整合作用和内在机制，是一个更适应现代人类健康计划的医学模式。

在医疗过程中，现代医学从社会、心理等方面给予患者尽可能大的人文关怀，早就摒弃了只看疾病个体的局限性。“头痛医头，脚痛医脚”的观点，也要从人民大众的思想观念里更新替换掉。

“健康是促进人的全面发展的必然要求，是经济社会发展的基础条件。实现国民健康长寿，是国家富强、民族振兴的重要标志，也是全国各族人民的共同愿望。”在实现健康中国的战略主题“共建共享、全民健康”的道路上，科学普及健康知识尤为重要。

愿我们的成语故事科普系列，为您带来更多更好的健康信息和理念！

24 眉开眼笑

【释义】眉头舒展，眼含笑意。形容高兴、愉快的样子。

【出处】清·吴敬梓《儒林外史》第二一回：“将这两本书拿到灯下一看，不觉眉开眼笑，手舞足蹈起来。”

【近义】眉飞色舞

【反义】愁眉苦脸

科普知识

区别于动物，人类具有丰富的面部表情。使我们能够做出各种表情的肌肉叫作表情肌，又称面肌，是一类菲薄的皮肌，位置浅表，位于面部浅筋膜面，起点位于颅骨的不同部位，止点均为面部皮肤。表情肌主要分布在头面部的孔裂周围，也就是我们的眼睛、鼻子、口唇周围，其功能是由环形肌和辐射肌分别行使开大或闭合上述孔裂，从而形成不同的表情动作，呈现不同的面貌神态。

人类的面部表情到底有多少种呢？有科学家进行研究后

定义出了 21 种情绪类别的面部表情。

最早为人所知的 6 种基本情感分别是：快乐、惊讶、愤怒、悲伤、恐惧和厌恶。我们经常同时使用多种面部表情来表达情感，另外的 15 种就是这些基本情感的组合，被称为复合情感。例如，某人可能表现出惊喜（结合了惊讶和快乐的肌肉运动）或者惊怒。

不同人种对情感的面部表达是有相同之处的，对情感表达的收集也是认知学基础研究中很有意义的部分。这在临床中，将有助于医生通过复合情感的感知来判断患者心理或精神状态是否发生变化，也是科学家进一步对面部表情进行计算机识别和感知计算等智能系统应用的理论基础。

表情肌全部由面神经支配。面神经受损会引发面神经麻痹，神经功能减退或者丧失会导致面部表情肌群运动功能障碍，出现不同程度的面肌瘫痪，如不能抬额、皱眉、闭眼，鼻唇沟变浅，不能鼓腮、龇牙等。这些都会影响到我们的面部表情和面容神态。

俗话说，笑一笑，十年少；歌曲也在唱“你笑起来真好看”。

笑，能给我们带来很多好处。比如：笑，可以促进血液循环，改善心肺功能，消除紧张情绪，放松全身肌肉。自

1948年开始，世界卫生组织把5月8日定为“世界微笑日”，设立这个特殊的日子，就是希望能够通过微笑促进人类身心健康，通过微笑在人与人之间传递喜悦和友爱，增进社会的和谐。

今天，你笑了吗？

25 耳濡目染

【释义】濡：沾湿；染：浸渍。耳朵经常听到，眼睛经常看到，不知不觉受到影响。

【出处】唐·韩愈《清河郡公房公墓碣铭》：“目擩（濡）耳染，不学以能。”

【近义】潜移默化

科普知识

晋朝文学家和思想家傅玄在《太子少傅箴》中指出：“近朱者赤，近墨者黑；声和则响清，形正则影直。”一个人生活在好的环境里受到好的影响，生活在坏的环境里也会受到坏的影响。

提到环境对学习的影响，我们很容易就想到了另一个成语——孟母三迁。孟子，名轲，战国时期哲学家、思想家、政治家、教育家，儒家代表人物。

孟子小时候的家离墓地很近，他经常和小伙伴们玩办理丧事的游戏。孟母认为这里的居住环境不好，就把家搬到了集市旁。没想到，孟子又学商人做起了卖东西的游戏，孟母认为这里也不适合居住，接着又搬家到学堂边。这次，孟子开始变得守秩序、懂礼貌、喜欢读书。孟子的母亲很满意地点着头说："这才是我儿子应该住的地方呀！"孟子的母亲为了教育孩子，多次迁居，只为选择良好的环境。后来，大家就用"孟母三迁"来表示人应该要接近好的人、物，才能学习到好的习惯，养成好的品性！

那么，好的环境有了，我们距离好的习惯的养成，还差着中间的关键步骤——耳濡目染。这说的也是大脑记忆方法。

大脑的记忆有三种：感官记忆、短期记忆、长期记忆。

感官记忆，是指个体凭借视、听、味、嗅等感觉器官感应到刺激时所引起的瞬间记忆，时间很短，一般按几分之一秒计算。感官记忆的时间非常短，一般来说不会引起大脑深刻的印象。当注意力集中于刺激感官记忆的信息的时候，我们能够立刻捕捉这些信息，这时候就转入了短时记忆。短时记忆是指个体在刺激发生的同时能够意识到并保持时间在15—20秒的记忆。短时记忆经过复习后就会进入长期记忆。但是如果不加复习，长期记忆就会被遗忘。长期记忆的保持时间短的为1分钟左右，长的甚至可以终生不忘，所以也可以叫永久记忆。我们生活中所用的知识就来自长期记忆。

在长期记忆的过程中，感觉器官为我们提供了所处环境中最直接的信息，反复接触后形成了长久刺激，这种刺激不断重复，从而造就了深刻的记忆。

各种感觉类记忆会存储在大脑皮层中，这些都是与特定感觉系统相对应的。多感官的学习会刺激大脑存储区中两个以上的存储系统。大脑的神奇之处在于存储同样信息的不同感官的多个区域，能够通过神经网络的传达来彼此连接。我们经常会有这样的体会，当一种感官记忆被激活（比如回忆看到的），通过回想起记忆信息中的某一点，其他的（比如听到的、感觉到的、想象的）信息立刻就会被连带着唤醒和激活。

所以，我们会常说，“百闻不如一见”“好记性不如烂笔头”。这些都说明，增强记忆可以通过多种感官刺激、选择更为敏锐的感官方式来实现。耳濡目染在此处泛指我们所有能接收到信息的感官刺激方式。希望您也能找到更适合自己的感官记忆方法，达到形成深刻记忆的最佳效果！

26 鼻息如雷

【释义】鼻息：鼾声。鼾声响得像打雷。形容熟睡时鼾声大作的样子。

【出处】宋·沈括《梦溪笔谈·人事》："上使人微觇准所为，而准方酣寝于中书，鼻息如雷。"

【近义】鼾声如雷

【反义】无声无息

科普知识

睡眠是人类生存的本能活动和基本生理需要，与生俱来、不可缺少。人的一生当中，约有三分之一的时间是在睡眠当中度过的。良好的睡眠，可以帮助我们消除疲劳，调节精神与情绪，增强免疫力，恢复体能。

打呼噜一直都被大家认为是睡得香的标志，枕头一挨，鼾声四起，更有甚者，鼻息如雷。殊不知这如雷的呼噜声其实是一种危险的信号！那么，这如雷的鼾声是如何影响到我们的睡眠和健康的呢？

1. 什么是鼾症？

打呼噜、打鼾伴有呼吸暂停，医学上定义为阻塞性睡眠呼吸暂停低通气综合征（obstructive sleep apnea-hypopnea syndrome，OSAHS），简称鼾症，是指睡眠时上气道塌陷阻塞引起的呼吸暂停和低通气，通常伴有打鼾、睡眠结构紊乱、频繁发生血氧饱和度下降、白天嗜睡、注意力不集中等病症，并可导致高血压、冠状动脉粥样硬化性心脏病、糖尿病等多器官多系统损害。

鼾症可发生在任何年龄阶段，其中以中年肥胖男性发病率最高，危害性也最为明显。鼾症不仅严重影响生活质量和工作效率，更具有引发心脑血管意外的危险性。

2. 打呼噜的声音是从哪里来的，为什么还会中断呢？

呼吸时，气流通过鼻腔（或口腔）、咽部、喉部、气管到达肺部。上气道，包括鼻子、咽部与喉部。鼻子与喉部有骨性与软骨性结构支撑，咽部是以肌肉为主的软性管道，缺乏骨性或软骨性支架。

一般情况下，气流顺利通过这些部位是不会引起打鼾或者仅仅引起轻微的呼噜声；当这个通道受压、变窄，气流通过不畅时，就会带动柔软的咽部组织震动而发出响亮的呼噜声；当这个通道变得非常拥挤甚至堵塞时，气流无法通过，这就出现了“不打呼噜”和“呼吸停止”的情况。

3. 什么因素会导致鼾症呢？

●肥胖。

●年龄：成年后随着年龄增长患病率会上升；女性绝经期后患病者增多。

●性别：男性患病率较高。

●上气道解剖异常：包括鼻腔阻塞性病变（鼻中隔偏曲、鼻甲肥大、鼻息肉及鼻部肿瘤等）、二度以上扁桃体肥大、软腭松弛、悬雍垂过长或过粗、咽腔狭窄、咽部肿瘤、咽腔黏膜肥厚、舌体肥大、舌根后坠、下颌后缩及小颌畸形。

●家族史：遗传因素可使发病概率增加2—4倍。

●长期大量饮酒和（或）服用镇静催眠类或肌肉松弛类药物。

●长期吸烟。

●其他相关疾病：包括甲状腺功能低下、肢端肥大症、心功能不全、脑卒中、胃食管反流及神经肌肉疾病等。

4. 为什么打呼噜厉害的人，睡觉起来会感觉很累呢？

睡眠有生物节律，分为入睡期、浅睡期、熟睡期、深睡期、快速动眼期。最后三个阶段属于深度睡眠，这对于消除疲劳、体能恢复等都有至关重要的作用。睡眠呼吸暂停使吸进人体的氧气减少，人体会因憋气而频繁觉醒，呼吸及睡眠节律紊乱，无法进入深度睡眠，睡眠质量明显下降，身体无法得到正常的休息和调整，所以睡起来还会觉得很累。

另外，鼾症还会伴有夜尿增多、晨起头痛、口干、白天嗜睡明显、困倦、乏力、注意力不集中、记忆力下降、遗尿等问题，严重者还会出现心理、智力、行为异常。同时，呼吸暂停也使得人体呼出气体减少，长此以往引起 CO_2 潴留，高血压、冠心病、心律失常、肺源性心脏病、脑卒中、糖尿病、胃食管反流性疾病等更加严重的问题也会随之而来。

5. 打呼噜严重的话，该怎么办?

相当多的鼾症患者曾在网上购买止鼾产品。网罗琳琅满目的“止鼾神器”，销量排名靠前的有腕带式止鼾器、耳挂式止鼾器、电子止鼾器等。它们都是通过监测鼾声大小来工作的。当呼噜声超过一定分贝，就会通过各种方式，比如腕部弱电流电击、耳边声音震动、生物电刺激穴位引起神经反射等，来干扰睡眠，让人惊醒，鼾声自然就止住了。但是，睡眠却被严重干扰，这不仅起不到治疗作用，反而还会引起更多的睡眠问题。

所以，及时就医才是正确选择。医生会详细地询问相关的症状，对鼻、咽、喉进行专科检查，依靠多导睡眠呼吸监测了解打呼噜和憋气对生命体征的影响，结合必要的化验、影像学检查对鼾症做出专业的判断。

6. 鼾症一定要手术治疗吗?

手术是鼾症的重要治疗手段之一。完善检查后，医生会确定引起通气狭窄和阻塞平面，针对需要矫形的部位，选择合理的手术方式。但手术是有严格适应证的，并不是每一个患者都适合，也不是手术之后就万事大吉。

鼾症的综合治疗中，正确的生活指导，系统的非手术治疗，也能达到很好的效果。减肥、运动、戒烟、戒酒、饮食规律、减少夜宵、选择合适的枕头、采用侧卧位睡姿、养成良好的鼻腔护理习惯，这些都是减少鼾声的重要手段，也是术后预防复发的必要手段。

无创气道正压通气治疗，又叫简易无创呼吸机，是鼾症患者的首选治疗方法。睡觉时，患者配戴口鼻面罩，将呼吸导管与仪器相连接，仪器通过设定的个体化参数，给予一定压力的机械通气。尤其在呼气末期，呼吸机的介入使上气道保持开放状态，保证睡眠过程中呼吸通畅。

正规的牙套、口腔矫治器也对一些轻度鼾症有效果，但这个治疗也一定要在医生的指导下进行。

27

引吭高歌

【释义】 引：拉，伸。吭：喉咙，嗓子。放开嗓子，高声歌唱。

【出处】 汉·傅毅《舞赋》："动朱唇，纡清扬。亢音高歌，为乐之方。"

【近义】 高唱入云

科普知识

《黄帝内经·灵枢》说："咽喉者，水谷之道也；喉咙者，气之所以上下者也。"

嗓音，是情感沟通的桥梁，是人际交往的纽带，被称为我们的"第二张面孔"。

声音是如何产生的呢？

人类发音依赖于呼出的气流引起声带振动。呼吸运动的方式有胸式呼吸和腹式呼吸。胸式呼吸以肋间肌活动为主，表现为胸壁的起伏；腹式呼吸以膈肌活动为主，胸腔容量通过膈肌的上抬与下降而改变，表现为腹壁的起伏。嗓音训练中，腹式呼吸为重点内容。

喉部处于呼吸道入口。其中，具有活瓣样作用的声带在喉部肌群带动下长短变化、互相靠拢以达到精确的发音。来自喉部的声音可以使经由口腔、鼻腔和咽腔以及胸和气管等结构组成的共鸣腔产生共振，使得声音更加动听。

嗓音是有调控系统参与的。一方面，呼吸、发声、共鸣和构音都有相应的神经调控，呼吸系统通过呼气气流促进声带振动发出声音，经过共鸣腔的增强作用形成各具特色和不同音质的嗓音，便于相互交流；另一方面，激素水平差异、个人情感、性格特征、心理因素也在嗓音及相关嗓音疾病中有重要的作用。

影响我们嗓音的因素有哪些?

影响我们嗓音的主要因素有吸烟、饮酒、进食高盐高糖或者辛辣刺激等食物；不良的发声习惯，如大声喊叫，包括儿童的声带小结；用声疲劳或者过度用嗓，教师、售货员等嗓音工作者最常遇到；上呼吸道感染性疾病，如急性鼻炎、急性咽喉炎等；变态反应性疾病，如过敏性鼻炎、过敏性咽喉炎；声带的良、恶性增生性病变，如声带小结、声带息肉、声带白斑、喉癌等；另外，生理因素也会影响我们的嗓音，如男性的青春期变声。还有一些研究发现孕期或者月经期女性的声音也会略有改变；咽喉反流性疾病，常会出现用嗓疲劳、嗓音改变、频繁清嗓，有些还会伴发声带形态改变，这类型疾病引发的嗓音问题越来越被关注；全身系统性或局部疾病引发神经肌肉功能减退，如声带肌肉无力、喉返神经麻痹等；精神心理因素，如癔症性失音。

如何保护好我们的嗓音呢？

声带是非常娇嫩的器官，保证充足的水分摄入非常有必要。在日常生活中，我们要戒烟戒酒，戒辛辣刺激等食物；保持良好的口腔卫生。规律饮食，避免食用高糖高盐碳酸饮料等，规范治疗胃食管反流性疾病，对于咽喉反流性疾病有很大帮助；生活规律，加强锻炼，提高自身抵抗力，减少上呼吸道感染性疾病的发生；感冒等引发声音嘶哑及声带手术后，建议合理安排声带休息；对于嗓音工作者，建议合理使用扩音装备或者麦克风，避免过度用嗓；不可随意用药物治疗（常见抗生素及口含片的滥用），以免耽误最佳治疗时机；发现嗓音问题后，应该及时就医，在医生的帮助下获取专业的嗓音健康知识，纠正错误的用嗓方式。

引吭高歌，不仅需要拥有美妙的嗓音，还需要合理用嗓，更离不开正确、科学的保护咽喉的方法。

如果您遇到嗓音疾病的困扰，或者有更高的嗓音需求，那就必须要到专业的医院完善相关检查，如电子鼻咽喉镜、动态喉镜检查与嗓音功能评估等，之后医生会针对不同人群、不同因素导致的嗓音问题进行个体化的治疗（包括手术）和训练，并提供专业的嗓音保健知识。

希望我们每个人都能拥有美妙动听的嗓音！

28

眼观六路

【释义】 六路：上下和前后左右。形容见多识广而反应灵敏，处理问题迅速而及时。

【出处】 清·文康《儿女英雄传》第六回：“强盗的本领，讲的是眼观六路，耳听八方，慢讲白昼对面相持，那怕夜间脑后有人暗算，不必等听出脚步声来，未从那兵器来到眼前，早觉得出兆头来，转身就要招架个着。”

科普知识

眼睛是怎么做到观六路的？

人的感觉器官帮助我们从外界获得信息。所获取的信息中有90%的信息是眼睛收集来的。老话常说，眼睛是心灵的窗户。眼球通过精准的神经肌肉调控，得以灵活转动，将世间的美好尽收眼底。

控制眼球运动的眼外肌有六条，分别是：内直肌与外直肌，上直肌与下直肌，上斜肌与下斜肌。这些肌肉分别由动眼神经、滑车神经和外展神经支配。

多数情况下在眼球运动的时候，并不只是单独一种肌肉的作用，而是上述肌肉分组协作。这些相互作用的肌肉，可以互为拮抗肌，也可以是协同肌，还可以是配偶肌。

两个眼球，如何统一运动方向呢？

在正常情况下，双眼的眼外肌运动能够实现以下三个功能：同时、等力、协调。如前所说，肌肉的运动受到神经支配，眼球的神经支配遵循以下两种定律。

第一，神经交互支配定律，眼外肌接受神经冲动后产生收缩，同时与其有拮抗作用的肌肉相应地出现抑制效应。比如，眼球注视右侧时，右眼外直肌收缩、右眼内直肌抑制，与此同时，左眼内直肌收缩、左眼外直肌抑制。

第二，配偶肌定律，当两眼向相同方向注视时，互相合作的肌肉同时接受等量的神经冲动。如，右眼上直肌的配偶肌为左眼的下斜肌。

这两种眼球运动的定律，可以帮助双眼实现向各个方向的协调运动。

眼球能看到的范围有多大呢？

眼观六路，以“六路”泛指宽广的视野范围。

如果头部和眼球固定不动，我们用眼睛观看正前方事物能够看到的一个空间范围，这就是静视野。当眼睛转动时所看到的，较静视野增大的空间范围则被称为动视野。如果加上转动颈部扭头、甚至变换体位转身等动作，我们就可以拥有更为宽广的视野范围。

许多动物的眼睛位于头部的两侧，比如鱼或者蜥蜴，这样有助于它们观察到身边事物微小的变化。其眼球活动的灵活性也保证了更广泛的视野，这就使得它们能在第一时间掌握各种可利用的信号。

由于解剖和生理功能的进化，人类的眼球位于头部的正前方。如果想看到更多的事物，接收到更为丰富的视觉信息，我们就必须同时转动脖子来开阔自己的视野范围。

这个成语告诉我们，要用心仔细观察，才能在学习、工作和社会交往中，及时掌握各种有用的信息，机智灵活地应对和解决各种问题。

29 身轻体健

【释义】身体健壮且行动敏捷。

【出处】元·无名氏《货郎旦》第三折：“沿路上身轻体健，这搭儿筋乏力软。”

【近义】身强力壮

【反义】老态龙钟

科普知识

高、矮、胖、瘦指人的不同体态。在现代科学来看，人类的体态究竟怎样才是健康的美呢？目前国际上通常用身体质量指数，也就是BMI指数，来衡量人体的肥瘦程度及健康，计算公式为：BMI＝体重除以身高的平方，正常范围为$18.5\ kg/m^2 \leqslant BMI \leqslant 25\ kg/m^2$，大于$25\ kg/m^2$为超重，大于$30\ kg/m^2$则为肥胖。

除此以外还专门定义了腹型肥胖，男性腰围大于90 cm，女性腰围大于85 cm，即可定义为腹型肥胖。腰臀比＝腰围/

臀围，正常比值男性应在 0.85—0.90 之间，女性则应在 0.67—0.80 之间。体重过轻或者过重都应视为不健康，对身体都可能有一定危害。

一、体重过轻

体重过轻首先要排除躯体与心理性的原因。躯体原因主要包括甲亢、甲减、糖尿病、贫血、营养不良、自身免疫性疾病、肿瘤、感染性疾病、消化道疾病、心脑血管疾病等；心理原因主要包括焦虑抑郁、节食减肥、追求骨感、精神性厌食等。体重过轻会致使罹患各种疾病的概率大大增加。相对于正常体重者来讲，低体重更容易导致女性卵巢内分泌功能与生殖功能异常，比如月经不调、排卵障碍、不孕、不育、流产、早产、胎儿发育异常、新生儿低体重等。

二、体重过重

体重过重也需要排除一些躯体与心理性原因。比如内分泌代谢紊乱、脂代谢紊乱、糖代谢异常、精神性贪食、压力性肥胖、久坐不动等。超重的危害首先是脂肪的堆积导致动脉粥样硬化，血流不畅，易患高血压、心脏病、中风等心脑血管疾病。脂肪肝常常与肥胖如影随形，且很有可能会发展成脂肪性肝炎，肝硬化，甚至肝癌。肥胖患者的 2 型糖尿病的发病概率也会明显增高，各种糖尿病并发症也会随之出现。

对于女性，肥胖、月经不调、不孕、多毛等，则是多囊卵巢综合征的表现。

维持健康体重应当有智慧的生活理念，科学的生活方式与良好的生活习惯，需要做到以下几个方面：

1. 饮食合理

《中国居民膳食指南》给我们提供了一个健康的膳食宝塔。日常饮食食品种类要丰富，饮食要有节，一日三餐要规律，少吃高脂肪、高盐、高糖食物，多饮水，控制每日摄入总能量，要吃新鲜食材，避免进食隔夜、久冻食材。

2. 科学健身

每个年龄段都应该有一定的运动量，我们要根据个人的情况选择合适的运动项目和运动量。运动量的增加要循序渐进，避免运动损伤。我们还要尽量避免久坐和长期伏案工作，要科学地锻炼心肺功能。

3. 睡眠充足

我们每日都保证足够的睡眠。每个年龄阶段睡眠时长要求不一样，对于成年人来说，正常的睡眠时间应维持在 7—8 小时，每个个体情况略有不同，一般来讲，优质睡眠醒后有头脑清晰、疲劳消除等舒适感，白天活动能保持稳定且精力充沛状态。

4. 情绪稳定

据世界卫生组织统计，90%以上的疾病都与情绪相关，情绪的稳定对于维持健康的体重及身体状态非常重要，当然每个人都会有正面的或负面的各种情绪，我们要学会调整与化解，也要找到一些途径去释放不良情绪。

想要拥有健康的体重，需要智慧的理念、科学的知识、正确的方法、良好的习惯、坚定的毅力，长此以往地按科学的方法生活、锻炼，我们的体重方有可能维持在达标的水平。

正常体重是维持身心健康、青春常驻、延年益寿的必备要素。为了更有质量地生活每一天，我们要认真管理体重，优化躯体“重量”。

30

狼吞虎咽

【释义】 像狼和虎那样吞咽东西，形容吃东西又猛又急的样子。

【出处】 明·冯梦龙《醒世恒言》卷一〇：“父子二人正在饥馁之时，拿起饭来，狼餐虎咽，尽情一饱。”

【近义】 风卷残云

【反义】 细嚼慢咽

科普知识

现代社会生活节奏比较快，凡事讲究高效迅速，分秒必争，尤其是很多工作忙碌的年轻人，吃饭的时间都很有限，所以很多人就形成了一种狼吞虎咽的习惯，那么得“胃病”的概率就大大增高了。

狼吞虎咽，不仅会对“胃”产生不好的影响，对其他脏器也会产生不良后果。狼吞虎咽常见的负面影响有：

1. 干扰了中枢神经的调控

人们吃饭是由下丘脑的“摄食中枢”和“饱食中枢”调控的，感觉到饥饿时，摄食中枢兴奋，提醒人们该吃饭了；大约在进食20分钟之后，饱食中枢才会开始工作。饱食中枢兴奋主要受两个方面的影响：一是食物对于胃壁神经末梢的刺激会传送到饱食中枢，二是食物中的碳水化合物被吸收后，引起血液中葡萄糖水平升高，也会刺激饱食中枢，引发饱腹感，进食便会自然结束。狼吞虎咽，忽略了咀嚼过程，由于进食速度过快，饱食中枢还没有反应过来，更谈不到发出指令，就已经吃撑了。久而久之，调控进食的中枢神经就有可能出现各种问题。

2. 忽略了重要的咀嚼过程

当我们把食物送入口腔，一定要经过咀嚼肌和牙齿的协同咀嚼，配合舌头的搅拌，刺激味蕾的感知，方能有效地促进唾液腺分泌唾液。食物与唾液充分混合启动了消化的第一道工序。在这一过程中还可以细细品尝、充分享受食物的美味。唾液中有很多酶，在咀嚼过程中，会消灭一些有害物质，避免某些感染性疾病的发生，也降低了癌症的发生概率。

3. 食管有可能受到伤害

狼吞虎咽的过程中人们往往不在意食物的温度、硬度、酸度、辣度等，过烫、过硬、过酸、过辣的食物进入食道均会导致食道不同程度的损伤，增加食道炎，乃至食道癌的患病概率。而当我们在进食带骨、带刺、带核等的食物时，骨头、鱼刺、枣核等这些硬质、尖锐的物质，有可能会卡在咽喉，甚至食道内，导致消化道损伤，甚至穿孔。

4. 引发胃肠疾病

狼吞虎咽会导致食物咀嚼不充分，没有充分咀嚼的食糜无法与消化液充分混合，会增加胃肠道负担，引起腹胀、消化不良等，严重者甚至会导致急性胃扩张、胃肠道炎症等情况。

5. 增加慢性疾病发生风险

狼吞虎咽的过程由于神经中枢还没有感受到饱腹感，就已经进食了超量食物。有研究证实，同样数量的食物，嚼得少，吃得快，就会更容易饥饿，从而导致下一餐更容易多吃，甚至在两餐之间进食更多的高热量零食，引起发胖。长期进食过快、过多，会引起血糖快速升高，而胰岛素又不能及时分泌，导致糖尿病发生风险增高，如果热量超标，会引起脂肪堆积，动脉粥样硬化，脂肪肝、心脑血管疾病、代谢综合征等病症的风险也会增高。

总而言之，狼吞虎咽危害多多，俗话说，“吃得慌，咽得忙，伤了食欲害了肠”，说的就是这个道理。

我们要尽量避免狼吞虎咽，要学会细嚼慢咽，充分感受食物的美味，享受健康的人生。

31 胆战心惊

【释义】 战：发抖。形容十分害怕。

【出处】《敦煌变文集·维摩诘经讲经文》："闻说便胆战心惊，岂得交吾曹为使。"

【近义】 毛骨悚然

【反义】 泰然自若

科普知识

现代医学已经证明，胆和心的关系是十分密切的，在解剖学和生理学中，心脏和胆囊的神经支配存在交叉。当胆囊有问题时，会通过神经反射，诱发心脏疾病，反之，如果心脏有问题，也会出现胆囊区域的疼痛与不适。另外就是胆汁中的胆红素和胆汁酸，可以使迷走神经兴奋，当胆囊有病变时，会使胆红素及胆汁酸在血液中的浓度增高，引起迷走神经反射，抑制心肌细胞能量代谢，降低心脏活动功能，诱发心脏问题。因此现代医学将这种现象称为"胆心综合征"。

古文化中为什么会将“胆战”与“心惊”组合成为一个成语词汇呢?

我们的祖国医学，对胆和心之间的内在联系早有阐述：在经络上，足少阳胆经与手厥阴心包经在脉络、经别行走通路上有着密切的联系。由此可见，祖国医学对此的认识更为先知先觉。

倘若日常生活中在胆囊区域，即右上腹部疼痛，除了要考虑到胆囊本身会有问题外，还要排除一下是不是心脏有问题，如果胆囊有炎症、有结石，也要注意心脏方面的问题，尤其是在做胆囊手术时，有可能因为刺激胆囊而引发心脏意外事件，不可不防。

健康生活需要保护胆和心：

1. 避免暴饮暴食，少吃油腻食物。

2. 合理膳食，一日三餐要有规律，饭后不要立即卧床。

3. 主动管理体重。肥胖、高脂血症患者要注意减肥，调控血脂。

4. 避免吸烟、酗酒，戒断不良嗜好。

5. 保持情绪稳定，避免大悲大喜，抑郁焦虑等容易引起迷走神经功能异常的情况。

6. 如果胆囊已经存在炎症、结石等情况，要注意定期做腹部超声检查、肝功能等化验，综合评估胆囊的情况及其功能。保护胆囊，保护心脏，避免发生胆心综合征。

32 一脉相承

【释义】 一脉：联络贯通而形成一个系统；相承：前后、上下继承。指从同一个血统或派别世代承接流传下来。

【出处】 宋·钱时《两汉笔记》卷一一：“是故言必称尧舜，而非尧舜之道则不敢陈于王前，一脉相承，如薪传火，无他道也。”

【近义】 衣钵相传

科普知识

在人类的历史长河中，有许多珍贵的文化遗产和传统价值观一脉相承，代代相传。这种传承不仅是对过去的尊重，更是对未来的贡献。无论是家族传统的传承，还是学术思想的延续，一脉相承都承载着人类智慧的结晶和不懈的努力。

一脉相承在医学上来讲，不论中医还是西医都有其理论基础和应用价值。

中医作为中国传统医学的重要组成部分，有着悠久的历史和深厚的文化底蕴。

中医脉诊是中医学中的重要诊断方法之一，也是中医“一脉相承”的传承之一。脉诊是通过触诊患者的脉搏，观察脉搏的节律、速度、力度、深浅、滑涩等特征，结合患者的病史、症状等信息，来判断患者的病情和体质状况，进而指导治疗方案的制订，体现出中医诊疗的整体观。

中医除了脉诊这些传统技艺的一脉相承，也体现在对经典理论的传承、临床实践的总结和教育培训的传承上。这种传承不仅是对中医传统文化的尊重，更是对中医文化的传承和发展的重要保障。

西医作为现代医学的重要组成部分，也有着悠久的历史和深厚的传统。一脉相承的概念在西医领域同样有着重要的意义。

就生理基础来讲：人体的循环系统由动脉、静脉、毛细血管以及它们的“司令部”——心脏组成。心脏有节律性地收缩和舒张，推动着血液在心脏和血管中往复流动。血液循环分为体循环和肺循环两部分。体循环是从左心室开始的，即血液由左心室流入主动脉，再流经全身的动脉、毛细血管网、静脉，最后汇集到上、下腔静脉，流回右心房，这条循环途径叫作体循环。在体循环中，主动脉血管中的血液含有丰富的氧气和养料，血液颜色鲜红，叫动脉血。在血液流经身体各部分组织细胞周围的毛细血管时，动脉血就把氧气和养料送给细胞，供细胞利用。而细胞产生的二氧化碳等废物进入血液后，血液颜色变成暗红，叫静脉血。静脉血由静脉血管汇集，最后流回右心房。肺循环是从右心室开始的，即血液由右心室进入肺动脉，流经整个肺泡周围的毛细血管网，再由肺静脉流回左心房，这条循环途径叫作肺循环。在肺循环中，肺动脉血管中的血液是静脉血，在血液流经肺部的毛细血管网时，就跟肺泡里的空气进行气体交换，血液中的二氧化碳进入肺泡（再呼出体外），肺泡里的氧气进入血液，暗红色的静脉血变为鲜红色的动脉血，从肺静脉流回左心房，然后再进入体循环。由此可见，体循环和肺循环是通过心脏处连通在一起的，并组成了一条人体完整的循环途径。一般来说，安静的状态下，成人完成一次体循环的时间是 11—13 秒，完成一次肺循环的时间是 5—7 秒，即成人完成一次完整的血液循环的时间是 16—20 秒。

人体庞大的血液循环系统为我们的每一个细胞提供了生存、代谢所需要的营养及氧气，任何一个环节出现问题，都会互相影响，比如糖尿病病人如长期血糖控制不佳，会导致周围血管病变，若疾病进一步发展，则会导致动脉粥样硬化等大血管病变，进而增加患心脑血管疾病的风险。

除了基本的生理基础对一脉相承的体现，西医的理论体系和医学知识也是一脉相承的重要内容。西医的基本理论包括解剖学、生理学、病理学等，这些理论体系的形成离不开古代医学家和科学家的探索和总结。例如，希波克拉底、盖伦、伊本·西那等古代医学家的贡献，对西医理论的形成和发展产生了深远的影响。这些理论体系和医学知识在后来的医学家和科学家手中得到继承和发展，形成了现代西医的理论基础。

不论是中医还是西医，对于一脉相承的体现，还有非常重要的一点就是医德医风的传承。中医强调“大医精诚”“德不近佛者不可为医，才不近仙者不可为医”，西医讲“希波克拉底誓言”，尊重患者、勤学善思、诚信待人等。医德、医风的传承对于医生的成长与发展是非常重要的。

总而言之，一脉相承是我们的身体具有的“机能”，也是警示给我们的大智慧。我们要爱护我们的“血脉”，同时也要传承先人的智慧，滋养我们的心灵。

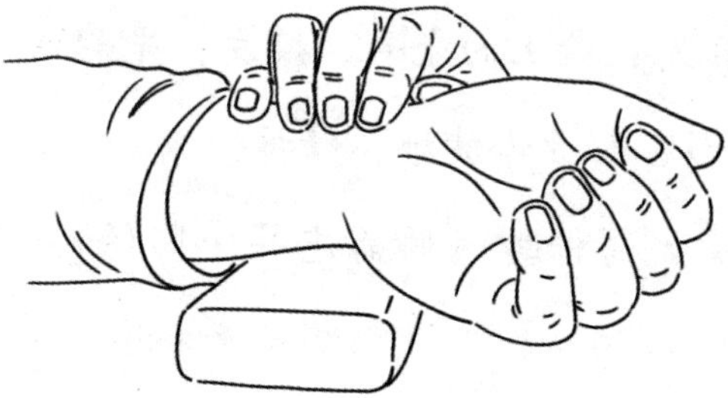

33 容光焕发

【释义】容光：脸上的光彩；焕发：光彩四射的样子。脸上光彩四射。形容人身体健康，精神饱满。

【出处】清·蒲松龄《聊斋志异·阿绣》：“竟妆，容光焕发。”

【近义】神采奕奕

【反义】无精打采

科普知识

看一个人是否健康，或者患有什么病，首先可观其面。如其面色容光焕发，则此人身心健康；如其萎靡不振、目光迟滞，则此人可能有病。容光焕发，写在脸上，一目了然，是彰显人身心健康最为明显的体貌特征之一。我们如何才能容光焕发，保持健康的身体状态呢？

1. 心态良好

人是有思维、有情志的高级动物，有着昨天不同于今天，今天不同于明天的意识，有着此一时彼一时的情绪状态。“人在江湖，身不由己”，每时每刻都会遇到不同的人物和事件，要懂得不断收藏、储存、提取、回味那些积极向上、阳光快乐、充满正能量的人和事，更要学会及时止损、删除、清零、摒弃那些令人烦恼、消极悲观、充满负能量的人和事，潇潇洒洒，轻松快乐每一天。

2. 做事认真

不论男女、不论长幼、不论工种、不论专业、不论职务，人人都要有事做、有目标。学龄前，迎接朝阳、好好成长；学龄期，沐浴阳光、好好学习；工龄期，如日中天、好好工作；退休后，笑对夕阳、发挥余光。人人都要动起来，天天都要有事做，在兴趣与爱好、目标与奋斗、快乐与健康中度过有张有弛的每一天。

3. 睡眠充足

睡眠，是人类不可或缺的一种生理状态。在人的一生中，有近 1/3 的时间是在睡眠中度过的，睡眠质量好坏与身心健康密不可分。优质睡眠的表现是入睡快、睡眠沉、做梦少、睡醒后头脑清醒、精力充沛、心情愉悦。不同年龄的人，大脑皮质内神经细胞，需要兴奋与抑制的时间是不同的。新生儿除了吃奶，一天中有 20 多个小时都在睡眠中度过，学龄前儿童一天的睡眠时间应达到 11 个小时或更多，小学生一天的睡眠时间应为 10 小时，中学生为 8 小时，成年人应达到 6 小时。有人说，健康的容颜是睡出来的，因此才有了“睡美人”之说。

4. 膳食合理

成年人每天的食谱应包括奶类、肉类、蔬菜水果和五谷等四大类。奶类含钙、蛋白质等，可强健骨骼和牙齿，每日饮 200 毫升为宜；肉类、家禽、水产类、蛋类、豆及豆制品等，含丰富的蛋白质，可促进人体新陈代谢，增强抵抗力，每日摄入 0.25 kg 左右为宜；蔬菜、水果类含丰富的矿物质、维生素和纤维素，可增强人体抵抗力，畅通肠胃，每日最少应吃 0.5 kg；米、面等谷物主要含淀粉，即糖类物质，是人体能量的重要来源，每日摄入 0.25 kg 左右为宜。人们通过饮食获得所需要的各种营养素和能量，是保证身体健康的前提。

5. 二便顺畅

大便是人体内必须排出的废物，人体每天应有 1—2 次排便，这样才有利于营养吸收、新陈代谢。祖国医学认为“肺与大肠相表里”，正常大便，不仅有利于消化系统，还有利于呼吸系统。多饮水、勤排尿，不但是保护肾脏，预防泌尿系统感染的好方法，对防止便秘、排毒养颜也有很大的作用。

6. 运动适宜

“户枢不蠹，流水不腐”，生命在于运动，根据自身的条件，选择适宜的运动方式，坚持不怠，必将受益！

红光满面是心身健康的象征，而长期保持健康的体魄却不是一件容易的事，需要心态良好、做事认真、睡眠充足、膳食合理、二便顺畅、运动适宜，更需要拥有健康智慧、健康意识、健康理念、健康知识以及达到健康的方法与途径。朋友们加油吧！

34

细嚼慢咽

【释义】慢慢咀嚼，慢慢吞咽，慢慢品味食物的味道。引申为慢慢去体味。

【出处】明·吴承恩《西游记》第二四回：哥哥，我吃了忙了些，不像你们细嚼慢咽，尝出些滋味。

【近义】字斟句酌

【反义】狼吞虎咽

科普知识

“摄食中枢”与“饱食中枢”

现代医学研究表明，“细嚼慢咽”是下丘脑的安排。下丘脑，位于大脑腹面、丘脑的下方，是调节内脏活动和内分泌活动的高级神经中枢所在。

在下丘脑内有两个中枢，一个是“摄食中枢”，一个是“饱食中枢”。当人们饿时，摄食中枢兴奋，提醒人们该吃饭了，尤其是看到、闻到或想到色香味俱全的食物时，便食欲大增，急不可耐地想要将食物送至口中。

当食物送入口腔后，牙齿开始咀嚼食物，刺激唾液腺分泌唾液，唾液里含有很多淀粉酶，这些淀粉酶有助于食物的消化，其中所包含的一些溶菌酶还可以帮助杀菌消毒。唾液和食物充分混合后能够减轻胃的负担。

饱食中枢在我们进食大约 20 分钟后开始工作。刺激饱食中枢工作的有两个因素：其一是食物刺激胃壁的神经末梢，产生神经冲动，传送至下丘脑的饱食中枢，刺激饱食中枢工作；另一个因素是食物中的碳水化合物被吸收后，引起血液中葡萄糖含量增加，当血糖达到一定水平，也会刺激饱食中枢，引发饱腹感。一般葡萄糖量会在开始进食后 20—30 分钟达到高峰。如果不细嚼慢咽，我们就很容易因为摄食过量导致肥胖。

古先贤之先见

两千多年前孔子就曾经说过“食不厌精，脍不厌细”，唐代著名的医生孙思邈曾指出“美食须熟嚼，生食不粗吞”，中医讲“脾开窍于口”，提示口腔内食物的充分消化对健脾益胃是十分有益的。足见古先贤的聪明才智。

细嚼慢咽好处多

细嚼慢咽有很多好处，如使食物的消化吸收更充分；充分锻炼我们的咀嚼肌，有助于美容；有效保持健康体重；提高味觉功能；减轻肠胃负担；使我们的牙齿更坚固；降低窒息风险；唾液增加有杀菌作用。

认真做到细嚼慢咽

在平时用餐时，时间要保证在20分钟以上，每一口饭咀嚼30次上下；用小汤匙每次吃一小口。每顿所备餐食要计算好所需热量，合理分配营养；牙齿没问题的话，可以选择含纤维素丰富的食物，比如芹菜、粗粮等，体会细嚼慢咽的感觉。

我们要有细嚼慢咽的意识和自制力，尤其是见到自己喜欢的美食，也要避免如饕餮般进食。

35

唇红齿白

【释义】嘴唇红润，牙齿雪白。形容貌美。

【出处】明·胡文焕《群音类选〈琼琚记·桑下戏妻〉》：“只见唇红齿白桃花脸，绿鬓朱颜柳叶眉，因此不忍而去。”

【近义】朱唇皓齿

科普知识

从医学的角度来看“唇红齿白”不仅仅是容颜美丽，还是健康的重要标志。医生在诊断疾病的过程中，历来有四个重要的步骤：西医是望、触、叩、听；中医是望、闻、问、切。无论是中医还是西医，都将“望”放在诊断疾病的首位，“红唇”是医生必“望”之器官。通过观看唇的情况，我们可以得到什么信息呢？

《黄帝内经》指出，脾开窍于口，其华在唇。口唇者，脾之官也。口唇鲜亮而饱满，唇线清晰，其色泽微红而明润，无色素斑点沉着，无干裂、起皮等现象，表明脾的功能良好，胃气充足，消化吸收良好，营养绝佳，精力充沛，免疫力强。

“红唇”是人体的一个“窗口”，通过这一窗口，我们可以清楚地判断其血液的情况。比如红细胞、血小板、血红蛋白、白细胞、淋巴细胞等在血液中的成分构成是否正常，有无贫血、感染、造血功能方面的异常等。

“齿白”往往表示人的牙齿长得好，排列整齐且白净，看上去很漂亮。牙好，咀嚼功能就好，不但“吃嘛嘛香”，还因为咀嚼充分，可有效减轻胃肠道的负担，能更好地帮助消化吸收，身体必然也会好。

“唇红齿白”，是人体健康的自然表象，我们不建议文唇，也不建议人工勾勒永久性唇线，必要的时候可以选择优质的唇膏，保持嘴唇的润泽。如果到医院就诊，一定要“素颜”面对医生，以免掩盖真相，延误诊断。

日常一定要多饮水，保持嘴唇湿润，多漱口、勤刷牙，保持口腔及牙齿卫生，自然的“唇红齿白”，方显体魄健康，容颜美丽。

36

饥肠辘辘

【释义】 辘辘：拟声词，车轮滚动声。借以形容肠鸣声，肚子饿得咕咕叫。形容十分饥饿。

【出处】 清·夏敬渠《野叟曝言》第四回："见两边僧房数间，后面厨灶连过圆墙。觉得饥肠辘辘，因先入厨房，搜寻食物。"

【近义】 饥肠雷动

【反义】 饱食终日

科普知识

人体的结构是十分奇妙的，每个器官都是有灵性的，它们都在以不同的方式，表达自身的各种感受，欢快、平和、急迫、痛苦、绝望……

饥肠辘辘，便是来自消化道的一种表达，是在饥饿难耐时发出的急迫的呼唤：快点进食吧，我都饿扁了，已经撑不住了！

除此以外，消化道还有不少其他表达方式，比如肠鸣音、打嗝、排气等。这些都是最常见的，也是大家最熟悉的现象。

肠鸣音

人体的肠管是会不停地蠕动的，肠腔内的食物、液体和气体会随着肠管的蠕动而缓缓流动，产生一种续断的气过水声，听起来咕噜咕噜的，称为肠鸣音。

1. 肠鸣音正常

正常情况下，肠鸣音每分钟出现 3—5 次，有规律可循。全腹均可听到，其频率、声响和音调变异不大，平和、欢畅，有一定的节律，人体几乎感知不到这种鸣音的存在。餐后肠鸣音更加频繁而明显，休息时稀疏而微弱。

2. 肠鸣音活跃

多见于饥饿难耐、饥肠辘辘，或消化不良、急性肠炎、腹泻等情况。这种情况下，肠蠕动增强，肠鸣音增多，每分钟可达 10 次。这时的肠鸣音音调不高亢，人体会感到不同程度的不适，针对原因进行处理，往往会得到很好的效果。

3. 肠鸣音亢进

多见于机械性肠梗阻。由于肠管通道受阻，导致积液、积气，出现音调较高的气过水声，有时还会出现金属碰撞的声音。这些现象都在提示我们病情的紧急，需要尽快解决。

此时，人体常表现为急性腹痛且难以忍受。

4. 肠鸣音减弱

肠鸣音次数明显减少，数分钟方能听到一次，多见于肠梗阻后期、老年人便秘、腹膜炎、低钾血症等。

5. 肠鸣音消失

多见于急性肠梗阻、麻痹性肠梗阻、胃肠功能瘫痪等。倘若持续在腹部听诊3—5分钟，仍未能听到肠鸣音，应当高度警惕严重情况的发生。

打嗝

打嗝也是一种比较常见的现象，多见于以下情况：

1. 进食不当

进食过急过快，狼吞虎咽，尤其是天气较冷时，灌了一肚子冷气，刚刚回到家，没有喘息就端起碗来大口吃喝，或边走边吃、边说边吃、户外吃喝、迎风吞咽，容易造成胃内吸入过多的气体，引发打嗝。此类打嗝多为偶发。

2. 器质性疾病

比如膈肌肿瘤、颅脑占位等病症导致膈肌痉挛，亦会引发打嗝。此类打嗝多为频繁且顽固的。

排气

俗称“放屁”，是人体很常见的一种现象。当食物进入胃肠道后，经过复杂的消化、吸收、利用之后，所产生的残渣、有害的气体等，会伴随肠蠕动，排出体外，其中残渣和废物以粪便的形式排出体外；所产生的废气则以“放屁”的形式排出体外。

1. 正常排气

大凡能够正常进食，正常排便者，每天都会有正常排气，均在不经意中发生，正所谓“五谷之气”也。

2. 过多排气

首先要考虑一下是否进食了过多的含蛋白质类食物，如奶制品、豆制品、肉类、鸡蛋以及其他不宜消化的食物等，这些食物容易在消化的过程中产生过多的气体，表现为排气次数增多，气味浓臭。

3. 频繁排气

多见于饮食不洁、肠炎、痢疾、肠道内菌群失调等情况。这种情况下，肠道内产气杆菌增多，从而导致肠腔内产生过多的气体，表现反复排气、腹胀、腹痛、腹泻等。

4. 停止排气

多见于各种原因导致的肠道梗阻与麻痹性梗阻以及胃肠功能瘫痪。

请记住，我们的消化系统是有灵性的，它的一切感受都会通过大脑和神经系统表达出来，或欢畅、或平缓、或舒坦、或呼唤、或呐喊、或呻吟、或痛苦、或绝望……规范自己的饮食习惯，科学合理膳食，是做好消化系统保健的重要方法。

37

绞尽脑汁

【释义】 比喻费尽了心机，想尽了办法。

【出处】 老舍《四世同堂》三七：“他的学问有限得很；惟其如此，他才更能显出绞尽脑汁的样子，替她思索。”

【近义】 想方设法

科普知识

绞尽脑汁是我们非常熟悉的一个成语。那么，到底什么是“脑汁”呢？

大家都见过豆腐脑，有的还吃过鸡脑、猪脑。我们对大脑通常会有这样一个印象：白白的、软软的、非常娇嫩。脑组织浸泡在脑脊液中，这个脑脊液就是“脑水”或者“脑汁”。脑脊液是存在于脑室和蛛网膜下腔的一种无色透明液体，比重为 1.005，总量为 130—150 毫升，平均每日产生和吸收的量约为 400 毫升，保持着动态平衡。

我们的大脑是精致、柔软而神秘的器官，是人一切思维和活动的“司令部”，是一个人的“灵魂”所在之处。因此，脑应该受到最为周密的保护：它的“保护层”有软脑膜、蛛网膜、硬脑膜、颅骨、肌肉和头皮，它始终悬浮在脑脊液当中。

脑脊液是颅腔内固有的内容物（其他还有脑组织和血液）之一，主要由侧脑室、第三脑室及第四脑室内的脉络丛产生，大部分是血浆的一种超滤液，也有脉络丛主动分泌的成分。在血液与脑脊液之间以及脑脊液与脑组织之间存在着机械性和渗透性的屏障，分别称为“血液—脑脊液屏障”和“脑脊液—脑屏障”，这种屏障起到阻隔有害物质（如细菌、病毒等）侵害大脑的重要作用。

“脑汁”的作用

1. 浮力

人脑重约1400—1500克，脑脊液包围并支持着整个中枢神经系统，有效地使脑的质量作用减少至25—50克。如此一来，脑与脊髓悬浮于脑脊液中，使其在不受自身质量影响的情况下保持密度。

2. 保护脑组织

摇晃或撞击时，发挥流体缓冲的作用。

3. 预防脑缺血

通过减少颅腔内有限空间的脑脊液量来预防脑缺血，降低颅内压，并促进脑血流灌注。

4. 微生态平衡

脑脊液是脑细胞之间物质调节的必要条件。

5. “洗脑”

“洗脑”即清除代谢废物，脑脊液不断从脑中去除垃圾，这在脑的自我维护中至关重要。

6. 医生眼中的“脑汁”

“脑汁”过多或过少都不行，脑脊液产生过多或吸收障碍就会发生脑积水，是一种常见的神经系统疾病，会出现反应迟钝、言语含糊、走路不稳、大小便失禁等症状，类似于阿尔茨海默病。

在临床工作中，脑脊液是神经系统疾病检查中最基础且最重要的项目，通过微创的腰椎穿刺术，可以评估颅内压力，也可以通过释放脑脊液来治疗一些疾病，取得脑脊液化验送检，这对于许多颅内疾病具有诊断意义。

38

灵机一动

【释义】 灵机：灵巧的心思。形容突然间想出了办法。

【出处】 清·文康《儿女英雄传》第四回："俄延了半晌，忽然灵机一动，心中悟将过来：'这是我粗心大意！我若不进去，他怎得出来？'"

【近义】 福至心灵

【反义】 一筹莫展

科普知识

灵机一动是哪儿在"动"？

脑是人体一切行为活动的"司令部"，当我们绞尽脑汁或者灵机一动的时候，主要是大脑皮层的额叶在活动。

大脑根据功能不同可分为五类脑叶：额叶、顶叶、颞叶、枕叶和深部的岛叶。同样的五个脑叶对称分布在人脑的左右半球上（也就是我们常说的左、右脑）。额叶主管认知、思维、情绪和行为；顶叶主管躯体感觉、语言和理解能力；颞叶主管听觉、记忆和情感；枕叶主管视觉；岛叶主管内脏和植物神经。相同的脑叶在左右大脑半球的分工又有不同，左半球以言语机能为主，在逻辑推理、数学计算等方面也起着主要作用，因此左脑被称作“意识脑”“学术脑”“语言脑”；右半球以空间图像、知觉机能为主，在音乐和艺术能力等方面起着特殊作用，因此右脑被称作“创造脑”“艺术脑”“音乐脑”。大部分右利手的人优势半球在左侧，但这种分工并非绝对。

大脑额叶“成就”人类

大脑额叶是人类区别于其他物种的关键，其进化程度远超过大猩猩等额叶同样发达的生物。

额叶功能涉及规划复杂的认知行为、思维决策、个性表达和调节社会行为等，其核心在于预测能力：不同生物的预测能力强度，就是其生存能力强度的体现。预测能力强的物种，更容易在变幻莫测的环境中生存下来，而这也是进化的真正含义。

人类出现并开始预测四季，研究出节气，于是人类从捕猎时代逐渐进化到农耕时代，从而解放了大量劳动力。看得越远越容易活下来，越容易在竞争中获胜。在人类发展的历史长河中，就是依靠其强有力的预测能力，利用陷阱将强大的猎物捕杀，顺应环境的变化用来完成农耕，把潜在的危害扼杀在萌芽状态，人类文明就是这样逐步发展起来的。而人类额叶的进化，也在这样的社会进程中完成。

脑是一个整体

虽然人脑划分为许多不同的区域，各有分工，比如还有主管生命体征的脑干和主管平衡的小脑，但人类的任何行为都是人脑整体“运算”的结果。

如能把大脑的活动转换成电能，其功率大约相当于一只20瓦灯泡的功率。

根据神经科学家推算，人脑的神经细胞回路比当今全世界的网络还要复杂1400多倍。每一秒钟，人的大脑中都进行着10万种不同的生物化学反应，每天可处理8600万条信息，其记忆贮存的信息超过任何一台电子计算机。

人脑含有约140亿个神经元，神经元之间的连接更是多达100万亿个。这些神经元通过神经纤维和电化学信号相互联系而产生思维、记忆与自我意识，通过这些思维、记忆与意识，我们成为我们自己，并构建成人类社会。

39 置之脑后

【释义】比喻不放在心上。形容极不重视。

【出处】清·李宝嘉《文明小史》第六回："孔黄二人自问无愧，遂亦置之脑后。"

【近义】漠不关心

【反义】耿耿于怀

科普知识

置之脑后是往哪儿"置"？

生活中有许多需要记住的经验、值得珍藏的回忆和让人心烦意乱的琐事。有些内容我们想留住，有些内容我们想忘记。当我们形成或者删除记忆的时候，主要是大脑的颞叶和海马在工作。

记忆的核心：颞叶与海马

颞叶位于大脑的两侧，大致位于双耳的前上方，主管听觉、语言、记忆和情感。

海马又名海马体、海马区，位于颞叶和丘脑之间，因其解剖结构形似海马而得名，属于边缘系统的一部分，主要负责长时记忆的存储转换和定向等功能。

1957年，加拿大一名患有顽固性癫痫的患者接受了开颅手术治疗，切除了颞叶皮层下一部分的边缘系统组织，包括两侧的海马区。术后这位患者的癫痫症状得到有效控制，但却产生了严重的记忆障碍。其症状表现为无法形成长时记忆，长时记忆的存储和情景记忆的能力均受到较大损伤，但其短时记忆和内隐记忆能力保留，智力相对完整。

从20世纪50年代起，科学家就已经注意到大脑颞叶海马区与记忆间的关系，但却一直无法把记忆与海马间的神经活动相连接，如果切除海马，那么以前的记忆就会一同消失。但是“海马的神经细胞是如何把信息固定下来的”这个问题一直没能得到解决。

2003年，美国哈佛大学与纽约大学的科学家共同发现了海马的运转机制——海马是帮助人类处理长期学习与记忆声光、味觉等事件（即叙述性记忆）的主要区域。通过海马区神经元的活动情形，研究人员发现了大脑叙述性记忆形成的方法。这个发现对于证明海马记忆学习的可塑性，提供了最有力的证据。

海马在将短时记忆进行巩固进而转换成长时记忆的过程中起着重要的作用，包括很多细节记忆一般也都由海马来完成。

海马与遗忘

遗忘可分为顺行性遗忘和逆行性遗忘。顺行性遗忘是指对造成失忆事件后发生的事物产生遗忘，可见于酗酒、镇静药物影响、颞叶海马周围脑组织损伤。逆行性遗忘是指对造成失忆事件前发生的事物产生遗忘，可见于脑震荡的患者在苏醒后不能记起受伤前一段时间内的事情，但却记得自己的名字。

海马是哺乳类动物大脑中被研究得最为详细的部位之一。许多与记忆障碍有关的疾病，比如颞叶癫痫（癫痫发作可伴有顺行性遗忘）、阿尔茨海默病等，均发现了海马病变或海马硬化、萎缩等情况。

40

昂首阔步

【释义】仰着头大步向前。形容精神抖擞，意气风发。

【出处】周而复《上海的早晨》第四部五九："走在他前面的是新药商业四十个资方人员组成的军乐，吹着铜号，打着洋鼓，昂首阔步走着。"

【近义】高视阔步

【反义】畏缩不前

科普知识

不做"低头族"，远离颈椎病

随着科技的进步，智能手机极大地改变了人们的生活，特别是在我们国家，直接跳过信用卡进入了移动支付的数字时代。现在大家出门可以不带钥匙、不带钱包，但是不带手机却感觉寸步难行。手机方便了生活，但也带来诸多问题，其中最显著的就是因长时间低头玩手机导致颈椎病的发病率越来越高，且有年轻化的趋势。马路上、餐厅里、地铁中，不管在什么地方，总能看到有人抱着手机“埋头苦刷”，真是“两耳不闻窗外事，一头钻进手机里”。

颈椎病又称颈椎综合征，是颈椎骨关节炎、增生性颈椎炎、颈椎间盘突出症、颈神经根综合征的总称，是一种以退行性病理改变为基础的疾患，原本多发于中老年人，现在却因为长时间低头使用手机，在二三十岁的年轻人中也时有发生。颈椎病主要表现为颈椎关节失稳、松动，髓核突出或脱出，韧带增厚，骨刺形成和继发的椎管狭窄等，刺激或压迫了邻近的脊髓、神经根、椎动脉或颈部交感神经等组织，引起的一系列症状和体征。

我们称鲁迅先生是中国的“脊梁”，而说到我们每个人的脊梁首先想到的就是颈椎。颈椎支撑着头颅，其内包裹的颈髓通过脑干连接大脑与小脑，其间走行的椎动脉为后 1/3 的脑组织供血，其“地理位置”实乃重中之重。而低头对颈部造成的影响的确很大，当颈部弯曲 60 度时，颈椎承受的压力约达 265 N！颈部的肌肉主要集中在后方，每当头部前倾，肌肉张力就会增大；若时间过长，则容易发生肌肉劳损、酸痛并发炎。低头会导致颈椎间盘的髓核被挤压向后方，长此以往，会造成椎间盘突出，椎管狭窄，从而压迫神经。低头的危害是多方面的，还会影响骨骼的生长，导致颈椎生理曲度改变，这时候已经不可逆了。

颈椎病有啥表现

颈型颈椎病：颈部疼痛、酸胀，肌肉僵硬，活动受限。

神经根型颈椎病：上肢疼痛或麻木，手没劲，持物不稳，休息后减轻，劳累后加重。

椎动脉型颈椎病：发作性头晕、头痛，转头时可诱发或加重，有时视物模糊、复视或耳鸣。

脊髓型颈椎病：下肢麻木、疼痛或踩棉花感，四肢无力，大小便功能障碍。

交感神经型颈椎病：头痛、头晕、血压高，眼干或流泪，心率加快或胸闷，肢体发冷或多汗，腹胀、腹泻。

得了颈椎病怎么办

我国约有 2 亿颈椎病患者，你中招了吗？得了颈椎病应当去正规医院神经外科或骨科就诊，切忌直接去按摩店按摩，搞不清楚状况就胡乱按摩，会有截瘫的风险。

颈椎病应遵循阶梯治疗的原则，日常生活中我们可以从一些简单的方面入手，来改善我们的颈椎问题：

为自己准备合适的枕头和床。据统计，人的一生中至少有 23 年的时间是在睡眠中度过的，因此一套合适的寝具至关重要。高枕未必无忧，枕头的高度以“一拳”为宜（6—7 厘米）。床也不是越硬越好，选择有弹力有支撑的床垫，可保护脊柱的生理曲度，达到良好睡眠。

改变不良姿势，避免长时间低头玩手机、用电脑、看书、写字等。对于长时间伏案工作的人群，除了将自己常用的桌椅调整到合适的高度外，还要定时提醒自己做颈部前屈、后伸、左右旋转等颈椎保健的动作，放松颈部肌肉，活动颈部关节。

当发现自己的颈椎有问题时，应适当休息，调整心态。急性颈椎病的患者在休息 2—3 周后，可放松颈部肌肉，减轻颈椎间盘的压力。颈椎病的治疗并非一朝一夕，正面的心态、积极的治疗十分必要。

41 举足轻重

【释义】一挪动脚，就会影响两边的轻重。比喻所处地位重要，一举一动对全局有重大影响。

【出处】《后汉书·窦融传》："方蜀汉相攻，权在将军，举足左右，便有轻重。"

【近义】至关重要

【反义】无足轻重

科普知识

千里之行，始于足下

脚的结构，巧夺天工，被科学家誉为"解剖学的奇迹"。人类每只脚由26块骨头、33个关节、20条大小迥异的肌肉和114条坚强的韧带以及无数精细的神经和丰富的血管构成。当我们还在娘胎里的时候，胚胎发育到第3至4周时，脚便生成了。一岁左右的婴儿就能尝试站立行走。人的一生之中，双脚平均触地超过1000万次。一个50千克体重的人，双脚每日累积承受的总质量竟能达到几百吨！脚能够做出无数充斥惊险、挑战和传奇的动作。汉字中与“足”关联的字有：踩、跑、跃、跖、跳、蹈、跪、跌、踢、踹、踊、踌、跷、蹿、踯、蹲、蹭等一百多个。

人的足底，几乎遍布所有内脏器官的反射区。连接着人体的12条经络中最为重要的有6条：即脾经、胃经、肝经、胆经、肾经和膀胱经。脚因处在人体末端，远离心脏而容易发生供血不足，故反复刺激按摩足底可促进血流通畅，加强人体心脏泵的作用。因此，脚又被称为人的“第二心脏”。其最终使命，乃是担起人体与人生的重负。

命运多舛的脚

然而，脚大概是我们身上最命运多舛的部位了。它们承受着全身的重量，每天辛苦地奔波，离开双脚我们将寸步难行。但由于长期蜗居在暗无天日的环境，容易滋生异味，再加上时不时地受伤，因此总是遭到嫌弃。如果不幸得了糖尿病，对于双脚则更是雪上加霜。

我国有超过1亿的糖尿病患者，其中8.1%会并发糖尿病足。他们当中有45%为中重度病变，截肢率高达20%。足溃疡是糖尿病足最常见的表现形式，也是造成糖尿病患者截肢的主要原因。糖尿病足溃疡患者年死亡率约为 12%，而截肢患者的年死亡率更是高达 23%。糖尿病足在治疗上一直面临着诸多困难，没有太好的办法。一旦发展形成溃疡，在短时间内就有可能发生坏疽，最终逃不过截肢的命运，甚至导致死亡，从而给家庭和社会带来沉重的精神与经济负担。

得了糖尿病足，就只能等着截肢吗?

为了拯救双脚，医生和科学家们一直在尝试各种办法，其目的都是为了改善局部血液循环、营养神经、让失去活力的双脚“复活”。但不论是药物治疗或者给下肢血管放支架，效果都不太理想，仍有无数的患者因糖尿病足截肢或者死亡。神经外科专家们目前采用脊髓电刺激术来治疗糖尿病足，并取得可喜的进展。

脊髓电刺激（SCS）技术早在 1976 年就被报道用于治疗下肢缺血性疾病，至今已经有 40 多年的历史，与脑深部电刺激（DBS）、迷走神经电刺激（VNS）等疗法一并属于神经调控技术的范畴，在国内外已成熟开展。其原理是通过植入体内的神经刺激器发射微电流至脊髓，针对脊神经进行定量电压、频率和波幅的电刺激，这些刺激参数可在体外无线调控，阻断并抑制疼痛信号的传导。在有效缓解疼痛的同时，电刺激还可以改善肢体末端微循环，扩张下肢血管，进而最大程度上避免溃疡和坏疽的发生与发展，并促进创面的愈合与修复，从而降低截肢风险。

42 摇头晃脑

【释义】晃：晃动。脑袋摇动不停。形容旧时读书吟诵的形态或自得其乐自以为是的样子。

【出处】宋·释普济《五灯会元·平江府宝华普鉴佛慈禅师》："教渠拽把牵犁，直是摇头晃脑。"

【近义】得意扬扬

科普知识

摇头晃脑知多少

生活中当我们春风得意或者兴高采烈的时候，难免有点沾沾自喜，于是乎面带微笑、摇头晃脑，这是身心愉悦的表现，实乃人之常情。但如果是不自觉地、不受控制地、频率较高地摇头晃脑，则需要引起注意，可能是身体出了问题。

6个月左右的婴儿，由于大脑皮层尚未发育完善，出现头部不受控制、摇头晃脑的情况属于正常现象。只要孩子生长发育正常，饮食正常，就不必过分担心。随着年龄的增长，会逐渐消失。

对于儿童，摇头晃脑常见于维生素 D 缺乏导致的佝偻病，常伴有多汗、夜间啼哭、肋骨外翻等，给予补充维生素 D 和钙剂以后，症状就会出现明显好转。摇头晃脑还见于多动症或抽动症。多动症多表现为摇头晃脑、上蹿下跳、注意力不集中等；抽动症的孩子除了摇头晃脑之外，还有挤眉弄眼、耸肩甩臂、嗓子吭吭声等症状。中枢神经系统疾病也会引起摇头晃脑，如各种脑炎、癫痫、颅内肿瘤等，需要及时鉴别诊断，尽早治疗。

对于成年人，摇头晃脑可见于交感神经过度兴奋，无法控制随意运动导致的头部不由自主地摇晃；可见于特发性震颤，以运动障碍为特征，单手或双手震颤，头部经常会随之摇晃；亦见于帕金森病，其特征是静态震颤、肌肉僵硬、动作缓慢和姿势平衡障碍，患者常有不自主摇头的表现。

病态摇头晃脑的诊治

多动症，又称注意缺陷多动障碍，表现为与年龄水平不相称的注意缺陷、行为多动和情绪冲动为主的神经发育障碍。患儿常有情绪障碍、学习障碍以及适应障碍，这些问题对其学业、工作、家庭和其他社会生活皆产生广泛而消极的负面影响。这种病症 70% 的患者会持续到青春期，30% 持续到成年期。该病症目前病因未明，因此无预防方法，医学界普遍认为是遗传因素和环境因素等多因素相互作用的结果。但科学备孕、孕期良好的生活习惯、戒除不良嗜好、温馨和睦的家庭氛围和教育是我们能做且必须做的有效预防措施。学龄前儿童以行为治疗为主；6—11 岁学龄期儿童首选药物治疗结合行为治疗的联合疗法；12—18 岁青少年首选药物治疗辅以心理治疗的疗法。

特发性震颤是最常见的运动障碍性疾病，主要为手、头部以及身体其他部位的姿位性或运动性震颤。此病具有相互矛盾的临床本质：一方面这是一种轻微的单症状疾病，并不影响寿命；另一方面此病又是常见的进展性疾病，呈加重趋势，有着显著的临床变异。震颤抖动症状常在精神紧张、注意力集中、疲劳或饥饿时加重，常在饮酒后暂时消失，次日再次加重，这是特发性震颤的独特表现。特发性震颤属于常染色体显性遗传病，具有家族聚集性，因此又被称为家族性震颤。当今，特发性震颤的主要治疗方法包括药物、肉毒素注射和手术治疗等三种方法。

用电刺激神经来抑制摇头晃脑

虽然对于特发性震颤和帕金森病目前尚无治愈的方法，但通过神经调控技术将电极植入大脑深部来对神经核团进行微弱电刺激，从而起到缓解抖动、改善肌肉张力、协调自主运动的效果，能显著改善患者的生活质量。随着芯片技术和人工智能的发展，我们将拥有更微型的人体植入式电极和脉冲发生器、更稳定的无线传输技术和可以普及的脑机接口技术，从而攻克更多的疑难杂症，为人类健康带来新希望。

43

高枕无忧

【释义】把枕头垫高，无忧无虑地睡觉。形容太平无事，无忧无虑。也比喻放松警惕，麻痹大意。

【出处】《旧五代史·高季兴传》：“且游猎旬日不回，中外之情，其何以堪，吾高枕无忧矣。”

【近义】万事大吉

【反义】枕戈待旦

科普知识

枕头的古往今来

说到枕头你可能只知道是一种由枕套和枕芯组成的睡眠工具。但是，你知道是谁发明的“枕头”一词吗？据相关资料记载，“枕头”一词由三国时期的曹操所创。枕头在古代是一种身份的象征。皇帝用的枕头被称为“玉枕”，富足人家用的是“帛枕”或“方枕”，大家闺秀用的是“楠枕”，结婚时用的是“鸳鸯枕”……在这些枕头中，出现较早且广泛应用的是陶瓷枕。

到了如今，除了正常的枕头外，人们又根据枕头的功能设计出腰枕、靠枕、膝枕等。而枕芯也不只是荞麦皮、棉花等，一些磁石、玉石、中药材等都被装入枕芯内。当然还有清凉舒适的水枕，携带方便的气枕等。

高枕真能“解忧”吗?

现在有不少人为了舒服、缓解疲劳，习惯使用高枕头，有的人习惯将枕头立起来枕着，有的人习惯将两个枕头叠加在一起枕，其实这样的“高枕”并不能无忧，反而会给你的身体带来不少隐患。医学上将人体的脊柱分为颈椎、胸椎、腰椎、骶尾椎，每一部分的椎体都有它各自的生理弯曲。为了保护这些生理弯曲，也为了人体能够得到充分的休息，因此在休息的时候，要选择适当的枕头和合适的床。

现如今，白天人们长时间低头工作，晚上又抱着手机玩个不停，长久之后人的颈椎生理弯曲会发生改变，如果睡觉的时候再选择高枕头，就会让颈椎得不到休息。颈部的肌肉长时间保持一个过度拉伸的姿势，会引起颈椎退行性病变，出现颈部不适、头晕、肌肉血管痉挛等症状。如果对上述情况不加干预，会导致颈椎间盘突出、颈椎骨质增生等。因此，高枕无忧用到枕头上是不合适的。

既然高枕不能“解忧”，那睡觉的时候枕的枕头低一些，或者不枕枕头是不是就可以“解忧”了？其实，这样做也并不完全正确。

先来说为什么不能枕低枕头。睡觉时，枕头低了不能为颈椎的生理弯曲度提供有效支撑，这样颈部的肌肉会出现疲劳，人容易感觉颈部疼痛、酸困，还会经常出现落枕的症状。如果本身有颈椎病，还会加重症状。

再来说为什么不能不枕枕头。前面说了枕枕头是为了保护颈椎，如果不枕枕头的话，会导致颈椎悬空，睡眠的时候头部过分后仰，出现张口呼吸，导致打呼噜、颈部肌肉痉挛等症状。

枕头的选择

在枕头的选择方面，需要注意以下几点：首先，要根据个人的情况选择合适的枕头，枕高一般以8—12厘米为宜；其次，选择软硬度适中，长度和宽度适合的枕头；再次，枕芯要选择柔软有弹性，透气性和吸湿性好的；最后，想跟大家强调的是，枕枕头时，要把脖子和床之间的空隙填满，而不只是将头枕在枕头上。

44

头皮发麻

【释义】 是一种身体不适的表现，用以形容极其恐惧或紧张的感觉。

【出处】 刘知侠《铁道游击队》第 18 章："当西边'中央军'被歼以后，一些伪保长确实感到头皮发麻。"

【近义】 汗毛倒立

科普知识

头皮发麻是人的一种主观感受，是头部的皮肤出现麻木感，有时伴有头晕等不适感。头皮发麻比较常见的原因有三：一是面对恐惧或者面对一些心理上排斥、厌恶的事情时产生的主观感受；二是失眠、熬夜等原因造成的头皮微循环障碍；三是颈椎有轻微病变或大脑供血不足。

如果在日常生活中出现头皮发麻的症状，一定不要大意。当出现头皮发麻的症状时，先不要着急，冷静下来，回想一下自己的情况是否能对应上述三个常见原因。

如果是心理因素，如焦虑、紧张或者情感方面等引起的，情节严重者，建议找专业的心理医生进行诊治。不严重的话，可以自己调整，如通过远离恐怖、惊悚的影视和图书作品；调整生活的作息，改变工作节奏；加强体育运动等方法来调节自己的心情。

如果是轻微的颈椎病变，这时你就要注意调整你的生活习惯了。如坐上一个小时就起身活动一下身体，到窗边看看外面的景色，这样既活动了身体，又缓解了眼睛的疲劳。要是脑供血不足造成的就要及时就医，并按照医嘱做出相应的调整和治疗。

对于头皮发麻，可以试试中医的刮痧、艾灸等方法。也可以尝试用手梳头，以达到按摩头皮、促进血液循环的效果。除此之外，还要注意休息，适量的锻炼，不能过于心急，要循序渐进。慢跑是非常好的改善头皮发麻的运动项目，能够降低脑供血缺乏病症的发作概率。

在饮食方面要做到平衡饮食，不能暴饮暴食。平均可以多食用一些蔬菜和水果，做到营养均衡，这样也能够预防头皮发麻的发病率。

要控制自己的心情，不能太过于冲动，要保持心情的愉悦。

45

大汗淋漓

【释义】淋漓：汗水往下滴落的样子，形容出了很多汗。

【出处】清·俞万春《荡寇志》第一〇六回："那里天气炎热，又兼急走之余，大汗淋漓，掌上墨迹模糊，竟辨不出甚么字。"

【近义】挥汗如雨

科普知识

现代医学一般将大汗淋漓分为生理性及病理性两种。

生理性多见于人体处于高热环境中的正常反应、运动后的正常反应、处于精神高度紧张状态、吃辛辣食物的刺激、肥胖人群等几种情况的混合情况。生理性大汗一般不需要特殊处理，适当补充水分，解除原因就可以自行恢复。

病理性多见于呼吸系统疾病如肺炎、哮喘、肺栓塞等；血液循环系统疾病如冠心病、心肌梗死、急性心衰、休克等；内分泌系统疾病如甲状腺功能亢进、嗜铬细胞瘤、低血糖等；

其他系统疾病如失血过多、外伤疼痛、中枢感染等。

其中有一种是由于紧张、情绪激动、愤怒、恐怖及焦虑等引起的自主神经损伤或功能紊乱而导致的多汗症。

疾病分类

多汗症根据出汗情况分为局限型多汗和泛发型多汗。局限型多汗为多汗症的常见类型，男女均可发生，不同种族的男女发病率无差异，其定义为局部区域的排汗过多。局限型多汗60%—80%的患者有家族史，表现为不完全外显性常染色体显性遗传。

泛发型多汗主要是由其他疾病引起的全身广泛性多汗。

典型症状

多汗症的典型症状是局部或者全身皮肤比正常人出汗多，男女均可发生，无明显的季节差异。

局部多汗的常见部位为掌趾、腋下、腹股沟、前额、鼻尖和胸部，其中掌趾最常见，无明显季节区别。局部多汗常初发于儿童或青春期，25岁以后自然减轻。

全身多汗主要是由于疾病引起的全身广泛性多汗，如感染性高热口服退热剂后通过出汗进行散热；其他疾病如中枢神经系统疾病，也可以造成全身多汗。

多汗症通常不难诊断，根据病史、临床表现并结合检查即可确诊。

并发症

多汗症患者会并发体癣、足癣、臭汗症、毛囊炎等疾病。当身体出汗异常增多，易继发细菌或真菌感染，从而引发体癣。足部汗液挥发不畅，易继发细菌或真菌感染，导致足癣的发生，伴足臭。腋窝部位多汗易同时伴发臭汗症。腋窝、阴部多汗时由于摩擦易发生擦烂性红斑，伴发毛囊炎、疖等。

就医

皮肤汗液分泌异常增多时，需要考虑是否患有多汗症。建议患者到皮肤科就诊，并进行淀粉—碘及醌茜染色法、汗液检测来确诊。多汗症患者建议与精神紧张或压力、运动后多汗相鉴别。

预后

多汗症经过有效规范的治疗均可缓解或治愈，能够减轻或消除多汗症的症状、维持正常的生活质量。但是有些疗法会反复，如注射肉毒杆菌毒素疗法。

46

咽喉要地

【**释义**】比喻扼险要冲之地。

【**出处**】《战国策·秦策四》："韩，天下之咽喉。"

【**近义**】战略要地

科普知识

咽喉——生命的要道

咽是一前后略扁的漏斗形肌性管道，位于第1—6颈椎前方。咽有前壁、后壁及侧壁。咽的前壁向前分别与鼻腔、口腔及喉腔相通，分为鼻咽、口咽和喉咽三部分。

咽介于口腔和食管之间，既属于消化系统又属于呼吸系统，因此咽具有吞咽、呼吸、保护和防御、共鸣等作用。

喉是口咽与气管的连接点，是呼吸与发音的重要器官。位于颈前正中部，相当于成人的第3—6颈椎部，是一个锥形管状器官。

喉具有呼吸、发声、保护和吞咽的功能。

如何保护咽喉要道

通过上述简单的介绍，我们知道咽喉是吞咽、发声和呼吸的要道。所以，在日常生活中，一定要好好保护它：

第一，在平时要正确用嗓，避免声音过大。但是也不要小声说话，也就是常说的耳语，对声带也会造成一定损伤；不要过多地清嗓子，因为清嗓的时候，会导致声带猛烈地震动，有可能损伤声带。

第二，饮食方面尽量避免一些辛辣刺激的食物，当然也包括冷食；要多喝水，控制抽烟、喝酒等不良的生活习惯。一旦出现问题需要尽早进行针对性的治疗。

第三，不要在空气浑浊的场所逗留太长时间，尽量不要熬夜，以避免咽喉疾病的发生。遇到空气质量差或者寒冷的天气时，出门最好佩戴口罩。

第四，避免药物依赖。嗓子不舒服时，有人喜欢泡点菊花、胖大海等，但不提倡长时间这样做。长时间这样的话，会造成药物依赖。日常生活中，可以不间断地小口喝水，这样让口腔保持湿润，减少咽喉干燥。

第五，勤锻炼。经常锻炼可以提高自身的免疫力，对疾病有抵抗的能力，避免发生咽喉疾病。

最后提醒大家，如果经常出现喉咙不舒服，一定要到专科医院找专业的医生就诊，以免延误病情。

47 骨鲠在喉

【**释义**】鲠：鱼刺。鱼骨头卡在喉咙里。比喻心里有话说不出来，十分难受。

【**出处**】清·袁枚《与金匮令》：“仆明知成事不说，既往不咎，而无如闻不慊心事，如骨鲠在喉，必吐之而后快。”

【**近义**】如芒在背

【**反义**】一吐为快

科普知识

当发生鱼刺、枣核、小的碎骨头、笔帽、回形针等卡在喉咙的时候，那种想吐吐不出来，想咽咽不下去的感受，恐怕只有当事人才清楚。那么，当发生这种情况该如何处理呢？我们就以比较常见的鱼刺卡喉来说吧。

误区一：唱歌把鱼刺“喊”出来。

小明是一名初一的中学生，在一次吃饭的时候被鱼刺卡住了喉咙。在他想喊爸爸带他去医院的时候，突然想起了之前看到的“小妙招”——唱歌可以将鱼刺给震出来。于是小明忍着痛开始唱起歌来。唱了一段时间，真有意外的收获，他的喉咙不怎么痛了。但是，到了晚上睡觉的时候，喉咙又开始疼了。用镜子照，看不见；用手抠，找不着！折腾了半夜，喉咙越来越痛。最后爸爸带着他去了医院。医生用长长的镊子伸入他的喉咙，取出一根长鱼刺。医生告诉他：“这么长的鱼刺，要是处理得迟了很容易出大问题。”

小明的事情告诉我们唱歌是不能把鱼刺“喊”出来的。所以大家遇到这种事情，一定要告诉爸爸妈妈，千万不要像小明那样。

误区二：吃饭把鱼刺咽下去。

在日常生活中，有些人被鱼刺卡住喉咙后，吃口馒头就能把鱼刺给咽下去。在这里要告诉大家，千万不要这样去做。吃馒头能把鱼刺咽下去，可能是因为鱼刺卡在很浅的部位。如果鱼刺卡得比较深，用吞咽食物的方法，很可能会让鱼刺刺得更深，甚至可能刺穿食管、主动脉等造成更大的损伤。因此，鱼刺卡喉咙时，一定要去医院就诊。

误区三：喝醋软化鱼刺。

有实验证实，醋有软化食物的功效，也能软化鱼刺，但是必须把鱼刺泡在醋里数小时才能实现。所以，喝醋软化鱼刺是不可能的事情。如果醋喝得太多，反而会对胃造成伤害。

当我们遇到鱼刺卡喉，应该怎么做呢?

首先，要尽量减少吞咽动作，并停止进食，避免鱼刺刺得更深。

其次，如果张口能够看到鱼刺的位置，可以尝试着让其他人帮着拔出鱼刺。

最后，就医。发生鱼刺卡喉后，最好的办法是及时就医，及早治疗。

所以，吃鱼有一定的风险，当发生鱼刺卡喉时，不要用唱歌、吞咽馒头、喝醋等“小妙招”，而是要尽快去医院找专业的医生帮忙。

另外，要提醒的是如果误吞了枣核、碎骨头、笔帽、回形针等，必须及时就医。

48

东倒西歪

【释义】 形容坐立不稳或坐姿立姿不正。也形容杂乱无章。

【出处】 唐·李端《胡腾儿》诗：“醉却东倾又西倒，双靴柔弱满灯前。”

【近义】 杂乱无章

【反义】 井井有条

科普知识

东倒西歪这个成语，在神经内科医生看来，是共济失调的临床表现。那么什么是共济失调呢？它指的是在肢体力量正常的情况下，病人出现运动协调障碍，表现为肢体随意运动的幅度和协调性发生紊乱，不能维持躯体姿势和平衡，引起姿势、步态和语言的障碍。

共济失调的原因众多，可以分为感觉性共济失调、前庭性共济失调、小脑性共济失调、大脑（额叶）性共济失调等，在下文我们主要介绍一种遗传性的小脑共济失调——脊髓小脑性共济失调（SCA）。

SCA是一种罕见的神经系统遗传性疾病，主要为常染色体显性遗传，通常一个家族中每一代都有患者，如果家族中父母亲有一方患病，那么每个子女都有患病的可能。

目前研究认为，SCA大多是由于致病基因编码区CAG三核苷酸重复序列异常扩增导致编码蛋白形成异常扩展的多聚谷氨酰胺肽链，从而导致蛋白质发生异常，进而引起细胞死亡，主要引起小脑、脑干和脊髓变性萎缩。CAG重复次数越多，发病年龄越早。在向下一代传递的过程中，尤其是父亲传给子女时，有重复次数增加的趋势，从而导致遗传早现现象，即子女发病年龄早于父亲的发病年龄。具有高度遗传异质性，患者除了小脑共济失调表现外，还可出现眼球活动障碍、视神经萎缩、视网膜色素变性、帕金森综合征、周围神经病变等。

SCA发病年龄多在30—40岁，起病隐匿，进展缓慢。在早期，患者会感觉到走路不稳，容易撞到墙或门框，特别是在道路不平时，测试患者不能完成走直线。随着病情进展，患者在行走时两脚间距增宽，走路摇晃、易跌倒，像喝醉了酒一样；双手会出现动作笨拙，辨距不良，端水时有摇晃，水容易溅出，写字时字迹不规则；说话含糊不清，呈爆破样或吟诗样语言。可出现眼球震颤，患者眼球不自主摆动。值得注意的是，一部分 SCA 患者以帕金森综合征为主要临床症状，表现为头或手脚抖动，肢体动作缓慢，僵硬无力，甚至家族中可有多个患者均表现为帕金森综合征。SCA 患者通常在起病 10—20 年后不能行走，通常不会影响寿命。

SCA 目前尚无特异性治疗方法，对症治疗可缓解症状，康复治疗、物理治疗及辅助行走有助于改善生活质量。患者应加强体育锻炼，避免过早卧床。

怀疑患有 SCA 的患者应进行基因检测，基因检测是明确 SCA 的有效手段，有助于遗传咨询、优生优育，将来随着基因修饰治疗的开发，有助于在早期进行针对性治疗。

49 步履维艰

【释义】步履：步行，行走；维：助词。形容行走困难。

【出处】清·方苞《谢授礼部侍郎札子》：“臣以步履维艰，非扶翼不能趋走，具列下情，求别简贤才以充阁职。”

【近义词】步履蹒跚

【反义词】大步流星

科普知识

对于帕金森病患者来说，特别是中晚期的患者，通常都会有步履维艰的经历。帕金森病患者在走路时常会出现突然性的、不可预期的步态中止。当患者试图抬脚向前迈步时，却感觉脚像粘在地板上或被地板吸住，抬脚迈步非常困难。持续几秒到几分钟不等。特别是在转弯时、步行开始或结束时、经过狭窄过道时，以及有明显步行时间压力（比如需快速穿过有红绿灯的路口）时容易出现，严重时会完全不能行走，需要他人或拐杖辅助才能起步。

上述现象叫作“冻结步态”，是导致患者跌倒的重要原因。帕金森病多发生于中老年群体，往往伴有骨质疏松等问题，一旦跌倒，造成骨折或关节损伤的风险很大，应该引起高度重视。

冻结步态的发生通常与额叶皮层受损、基底节—脑干环路异常、皮质基底节环路异常、感知过程受损、肌肉收缩紊乱及步态周期紊乱有关。

当帕金森病患者出现步履维艰这一症状时，需要引起重视，及时就医。由于冻结步态出现有突发性和不可预测性，因此我们要对患者进行准确、客观地评估，确定冻结步态的严重程度，这有利于进一步的治疗和后期康复。

对于帕金森病冻结步态的治疗可分为药物治疗、非药物治疗、手术治疗以及康复锻炼。

药物治疗　是指在医生指导下进行药物优化治疗。在冻结步态早期，可以采用增加左旋多巴的剂量来改善症状；如果冻结步态发生在药物关期，可以通过缩短药物使用间隔时间、增加药物使用次数来改善症状；也可以使用多巴胺受体激动剂，例如普拉克索、吡贝地尔、罗匹尼罗等，激活突触后膜多巴胺受体，刺激多巴胺能神经递质；还可以使用司来吉兰、雷沙吉兰等单胺氧化酶 B 抑制剂，通过抑制单胺氧化酶 B 的活性，来延缓神经突触间隙中多巴胺的降解均能改善冻结步态症状。

非药物治疗 我们可以使用外部提示疗法包括视觉提示疗法、听觉提示疗法、行为观察疗法等来改善冻结步态。通常可借助一些辅助设备，如激光投射器和节拍器等辅助患者迈步。

手术治疗 对于各种手段均不能改善冻结步态的晚期帕金森病患者，可用 DBS（脑深部电刺激术）手术治疗。这种方法尤其是适用于药物开期时间缩短、症状波动明显的患者。这一手术可全方位改善帕金森病患者的运动症状，延长开期时间，改善患者步态障碍，恢复运动功能。

康复锻炼 在康复医师的指导下进行步态训练来改善步态和平衡能力。包括姿势锻炼、步态锻炼及平衡功能锻炼等。步态锻炼的常用方法有：患者在家属的提示下大步行走，大幅度、有规律地摆动双臂；在狭小的空间设置障碍物，鼓励患者克服心理障碍迈步向前；面对镜子，调整体位，目视前方，大幅度摆动双臂，交互抬高双侧下肢，做原地踏步训练，为正常步行做铺垫。

发生冻结步态时患者应该如何应对?

首先应保持冷静，不要慌张。待情绪平复后，保持重心稳定，避免身体向前冲，防止发生摔倒。

其次，患者要使用最有效的方式重新起步，如数“左—右—左—右”，侧移臀部，模仿走路时的重心移动，向后或侧方迈步。每向前迈一步，脚跟先着地。

如果患者需要帮助，最好从侧方帮助患者，有节律地数数，清除前行的障碍物。拉患者手臂可能加重冻结现象。

冻结步态是帕金森病患者致残的一个重要因素，严重影响患者的生活质量及预后，一旦出现此症状，患者及家属需要引起重视，积极采取措施，尽早让患者回归到比较正常的生活状态。

50 头头是道

【释义】 头头：各个方面；道：道理。原为佛家语，指道无所不在。形容说话很有条理，而且有理有据；做事有条不紊，很有办法。

【出处】 宋·释惟白《续传灯录·慧力洞源禅师》："方知头头皆是道，法法本圆成。"

【近义】 井井有条

【反义】 颠三倒四

科普知识

在神经内科医生眼里，语言是人作为高等生物的必要特征，说话的条理性与健康的大脑关系密不可分。那么，大脑是如何理解和组织语言的呢？

对于大部分右利手的人来说，大脑的语言功能主要依靠左脑。左脑半球里有两个核心的语言区域，分别是布洛卡氏区和韦尼克区。语言行为的大致过程是：首先，从视觉或者听觉皮质传入韦尼克区，使我们理解语言；之后再传入布洛卡氏区，进行语言的组织；最后通过运动皮质使嘴巴等发音器官运动，发音说话。

因此，布洛卡氏区主要负责组织和表达语言，而韦尼克区则负责理解语言。如果布洛卡氏区出现了失语症，那么病人就会丧失语言的表达能力，或者只能用简单的词汇进行表达，类似于“电报式”语言；如果韦尼克区出现失语症，病人将无法理解别人说的话。

布洛卡氏区和韦尼克区这两个部分是由弓状束连接起来的，如果这个部位出现问题，就会出现传导性失语，虽然病人可以听懂别人的话，但重复别人句子的能力明显下降。

那么，什么疾病会导致失语呢？最常见的原因是脑血管病，无论是脑出血还是脑梗死，只要破坏了脑内的语言区或者语言区之间的纤维联系，就可以造成一定程度的失语。除此之外，语言功能障碍也是老年期痴呆的重要临床表现。

大家都知道，认知功能是人脑的一项重要功能，包括记忆力、注意力、语言能力、推理能力、执行和判断能力等。其中记忆力下降是我们最容易发现的，也是阿尔茨海默病最常见和最初的临床表现。实际上语言功能的损害，在阿尔茨海默病患者中也很常见。疾病早期患者的语言能力就可能出现下降，多表现为过去十分健谈、风趣，现在却总是反应慢，说话的内容也少了；说话时常用词简单，用词不丰富，词汇量减少。患者的理解能力也可能下降，对本身熟悉的事情会错意，对同音不同字难以理解，对长句、复杂一点的表达听不懂等，比较类似上面所讲的韦尼克失语。随着病情逐渐发展，还可能出现表达能力下降，说话不完整，断断续续，只说半句，表达的意思也不甚清晰，没有逻辑性。到了疾病的后期，病人的语言功能会进一步变差，出现用词想不起来，熟悉的东西也叫不上来名字，再往后就可能会说的话越来越少，甚至一天到晚也不说话，进入缄默状态。

因此，对于老年人来讲，关注脑健康，不光要关心自己的记忆力，还要关心自己的语言表达与理解能力是否有改变，从而能尽早发现认知障碍疾病，越早干预，越大获益。

51

手舞足蹈

【释义】蹈：跳动。由于兴奋、高兴，手脚都舞动起来。形容高兴到了极点。

【出处】《诗经》："情动于中而形于言；言之不足，故嗟叹之；嗟叹之不足，故咏歌之；咏歌之不足，不知手之舞之，足之蹈之也。"

【近义】兴高采烈

【反义】闷闷不乐

科普知识

在医生的眼里，无缘无故地手舞足蹈有可能是某些疾病的症状。中医中有类似的记载，据中国医药科技出版社出版的《中医辞海》解释，手舞足蹈为病症名，指手足不自主动弹如舞蹈之状，常见于癫狂、肝风内动等病症中。

从西医的角度，舞蹈症是一种临床相对罕见的运动障碍，其主要病因是各种原因导致的脑内基底节区功能损害。患者主要表现为肢体及头部不自主舞蹈样动作，诸如转颈、耸肩、手指间断性屈伸、摆手、伸臂。严重时可出现从一侧向另一侧快速跳跃的动作，情绪激动时加重，安静时减轻，睡眠时消失。会同时伴有扮鬼脸动作和肢体肌张力减低。

舞蹈症的病因十分复杂，概括起来主要包括遗传性舞蹈症、代谢性舞蹈症、感染性舞蹈症、自身免疫性舞蹈症以及副肿瘤性舞蹈症等。

遗传性舞蹈症——代表疾病：亨廷顿病

1872 年，美国医生乔治·亨廷顿发现一种疾病，这种病的患者会不停地舞动肢体，好像在跳舞，从而将这种疾病命名为亨廷顿舞蹈病。亨廷顿舞蹈病的临床症状主要表现为舞蹈样不自主动作、精神障碍和进行性认识障碍。

亨廷顿病的舞蹈样动作很有特征性，大多开始表现为短暂的不能控制的装鬼脸、点头和手指屈伸运动。随着病情发展，会出现典型的抬眉毛和头屈曲。当患者注视物体时，头部会跟着转动。患者行走时出现不稳或腾越步态，加上不断变换手的姿势，好像在舞蹈。

认知障碍在亨廷顿病的早期即可出现，起初表现为日常生活和工作中的记忆和计算能力下降，语言障碍也比较明显。随着病情发展，患者的集中力和判断力进行性受损，缺乏启动解决问题的能力，在需要计划和连续安排信息的作业上感到特别困难。同时，患者还伴随人格行为改变，包括焦虑、紧张、兴奋易怒，或闷闷不乐、或不整洁以及兴趣减退，出现反社会行为、精神分裂症、偏执狂和幻觉。

亨廷顿病多发于中年人，是一种常染色体显性遗传疾病。对亨廷顿病来说，基因诊断是最快速、最直接的有效诊断方法。

代谢性舞蹈病

很多全身代谢性疾病会导致舞蹈症。比如偏侧舞蹈症，可见于在非酮症高血糖以及低血糖患者，核磁共振显示对侧壳核高信号。对于新发的舞蹈症，应该排除甲状腺疾病和维生素 B_{12} 缺乏症。甲状旁腺相关的钙离子代谢异常引发的舞蹈症可以是阵发性的。妊娠舞蹈病是由于雌激素致敏多巴胺受体所致。

感染性舞蹈病

最常见的感染性舞蹈病是小舞蹈症，又称风湿性舞蹈病，是风湿热在神经系统最常见的表现，多发生于儿童和青少年，多见于女孩，为急性风湿热的一部分。本病可自发性缓解，也可复发。

自身免疫性舞蹈症以及副肿瘤性舞蹈病

一些系统性自身免疫病也可以累及大脑从而导致舞蹈样表现，比如系统性红斑狼疮、干燥综合征以及抗磷脂抗体综合征等。如果舞蹈症是亚急性或急性起病，还要考虑自身免疫性脑炎或者肿瘤影响的可能性，包括肺癌、乳腺癌、淋巴瘤等，需要做副肿瘤相关抗体和自身免疫性抗体包括 CRMP-5/CV2、Hu、LGI1、Yo、GAD65、CASPR2、NMDA 受体抗体等。

早期发现才能早期诊断干预。舞蹈症的症状较明显，通过阅读本文，您对相关症状了解后，非常容易发现本病。本病的治疗主要是对因治疗，在对症治疗方面，可以考虑使用丁苯那嗪等药物。

52

张口结舌

【**释义**】结舌：舌头像打了结似的不能活动。嘴张着说不出话来。指理屈词穷或因害怕、紧张、惊恐等原因说不出话来。

【**出处**】《庄子·秋水》："公孙龙口呿而不合，舌举而不下，乃逸而走。"

【**近义**】哑口无言

【**反义**】口若悬河

科普知识

言语是表达思维的一种方式，是音声语言（口语）形成的机械过程，是神经肌肉参与的发声器官机械运动的过程。其表现即为口语表达。言语是人们最常用、最快捷、最基本的交流手段。

人类正常发声是由多个器官共同参与完成的一个生理过程，由唇、齿、舌、腭构音器官的活动形成最终的声音。不得不说，人体本身就是一部精密的“乐器”，任何一个器官出现问题都会对发音造成影响。

舌系带是重要的发音器官之一，舌系带异常对言语会产生重要影响。

舌系带是什么？

舌系带，俗称舌筋，即张开口翘起舌头时在舌和口底之间的一条薄条状组织。

舌系带过短

正常的舌系带不会影响到舌头的活动，舌尖能自然地伸出口外，或向上舔到上齿龈。

舌系带过短则表现为那条薄膜太厚或太短，影响舌头的活动度。使舌头不能正常自由地前伸，舌头伸出口腔外的部分不及正常人的长。舌向前伸时舌尖因被舌系带牵拉而出现凹陷，舌尖呈 W 形（正常人舌头伸出时舌尖呈 V 形）。

舌系带过短还可能影响哺乳或与下前牙摩擦，发生溃疡。多见于遗传，男性更为常见。

舌系带过短的危害

1. 进食障碍

对于婴幼儿来说，舌系带过短会引起哺乳的问题，比如使母亲乳头受伤疼痛、孩子喂养不足等问题。

2. 语言能力受损

言语的形成是由舌头、牙齿、嘴唇、硬腭、软腭等器官共同完成的，舌头的运动会直接影响到我们的发音。尤其是在发 zh、ch、sh、d、t、n、l 音的时候，会不准确，语速快的时候更会含糊不清。

3. 呼吸问题

当舌头被舌系带牵绊，难以前伸和上抬，舌头被固定在口腔较后的位置时，可能会阻挡气道，从而形成睡眠障碍型呼吸。

4. 颌骨面部发育问题

舌系带过短会造成舌头的位置异常、运动异常以及异常的用力方式，这些都有可能导致将来牙齿排列不齐甚至上、下颌骨发育异常。

5. 龋齿和牙周病的问题

舌系带过短会造成舌头运动不灵活，舌头不能很好地做舔牙等动作来帮助清除食物残渣和涂布唾液。

舌系带过短还会造成下门牙牙缝变宽以及开合、深覆合、牙齿紊乱等很多牙齿发育问题。

手术适应证的临床和功能评价标准：

当出现哺乳困难、语言障碍、异常吞咽、不能舔上唇或者下唇、大张口时舌头不能碰触到上颌腭侧的切牙乳头、舌体形状变形或舌头伸出口腔时舌头内卷等情况时，很可能就是舌系带过短造成的。这些症状已经影响到口腔功能，可作为舌系带修整指证。

舌系带短的处理

舌系带过短引起舌的功能障碍，适宜进行手术切除，术后应立即通过舌运动、语言治疗对舌部肌肉进行恢复性训练。

术后的康复治疗

舌系带术后的康复治疗以舌肌训练和言语治疗为主。舌系带术后的康复训练以恢复舌功能为主要目的，分为主动和被动。

主动的舌肌训练形式主要是舌运动和言语发音训练；被动的舌肌训练包括口底按摩，口腔感知觉的刺激训练等。

舌系带手术越早越好吗?

有的家长担心舌系带过短会影响孩子的发育、说话，认为越早处理越好。

其实，新生儿出生 2—6 个月内就过早手术，容易导致瘢痕的形成，甚至需要二次手术。

另外，手术中孩子多半不能很好地配合，稍有不慎就会造成误伤，也容易合并感染。

总而言之，舌系带是否短，需不需要处理，都要在专业的医生评估后再作决定。

53

琼浆玉液

【释义】 琼玉：美玉，这里用来形容浆液的甘美。指美酒或甘美的饮料。

【出处】 战国楚·宋玉《招魂》：“华酌既陈，有琼浆些。”

科普知识

琼浆玉液本指珍贵的饮料，在人体中，其实也有“琼浆玉液”的存在，那就是我们的唾液。唾液，为泡沫状、稍浑浊，呈微乳光色的黏稠的液体，其中水分占 99.4%。唾液是由唾液腺分泌而来的，正常成人每天分泌唾液的量为 1000—1500 毫升。

唾液的分泌

唾液腺的分泌作用直接受大脑皮质控制，唾液分泌的调节作用完全是神经发射性的，包括条件反射和非条件反射两种。

条件反射的唾液分泌通过视觉、听觉、嗅觉等产生，“望梅止渴”就是条件反射性的唾液分泌现象，而巴甫洛夫的实验更加证明了唾液的条件发生机制。

引起非条件反射的唾液分泌是口腔的正常刺激，如化学、温度、机械等，药物及物理作用都属于非条件反射。冷的东西，如口腔器械进入口腔中，会增加唾液的分泌。

唾液的输出神经包括交感神经和副交感神经。因为紧张而导致交感神经活跃，唾液会少且黏稠，人会感觉口干舌燥。长跑时吐出唾液，可以观察到吐出的唾液是黏稠的。副交感神经活跃时分泌的唾液是清澈且量多的，因此在一些餐厅就餐时会有悠扬的背景音乐，这有助于用餐者放松心情，轻松愉快地就餐。

唾液的作用

1. 消化作用。唾液中的淀粉酶属于 α 淀粉酶，能够分解淀粉或麦芽糖，帮助消化。

2. 咀嚼的辅助作用。唾液使食物湿润，利于嚼碎，并易于形成食团。

3. 溶酶作用。唾液可以溶解食物中的有味物质，使之弥散并与味蕾接触而产生味觉，尤其是在含水分少的食物中发挥重要作用。

4. 润滑作用。唾液可以保持口腔组织的湿润、柔软、润滑，使咀嚼、吞咽、言语功能顺利进行。

5. 保护作用。唾液中的黏蛋白吸附至口腔黏膜表面，既可以防止组织脱水，又可以阻止外源性刺激物进入黏膜。黏蛋白吸附至牙齿表面形成获得性膜，能够修复和保护釉质表面，预防龋齿。

6. 缓冲和稀释作用。唾液可以缓冲口腔内的酸碱度。刺激性的物质可以被唾液稀释，过冷或过热的刺激可以由唾液缓冲。

7. 清洁作用。唾液具有流动性，且有一定的流量和流速，可以冲刷口腔内的食物残渣、细菌等。唾液分泌量低时，患龋率会增加。

8. 杀菌抗菌作用。唾液中的溶菌酶和分泌性免疫球蛋白具有杀菌抗菌的作用。

9. 黏附和固位作用。唾液具有黏附性，有利于修复体（尤其是活动义齿）的固位。

10. 缩短凝血时间。当血液与唾液比例为 1∶2 时，凝血时间会大大缩短。

11. 排泄作用。血液中的异常物质或过多成分可以通过唾液排出。

12. 体液的调节作用。身体有恙时，唾液分泌会增加或者减少以调节体液量。

13. 内分泌作用。唾液分泌的激素具有维持腺体的正常分泌活动，促进无机物代谢和糖代谢，促进骨和牙齿硬组织发育的作用。

影响唾液分泌的因素

影响唾液分泌的因素很多，情绪、气候、年龄、药物、健康状态等都会影响唾液分泌。精神紧张、恐惧会抑制唾液分泌；天气炎热时唾液分泌也会减少。

美味的食物、酸味食物或寒冷的气候都会引起唾液分泌，导致唾液分泌增多。

有些药物也会影响唾液的分泌。

唾液量减少的影响

唾液减少常会导致口干症。患者通常会感觉口腔黏稠不适，舌头表面会出现裂痕甚至感到疼痛。更严重的甚至会影响到说话、食物下咽，以及味觉。

唾液量减少还会导致龋齿、牙周病、口臭等问题。唾液具有保护牙齿不受细菌侵害的作用，还能够适当修复受损的牙齿。因此，唾液减少容易造成牙齿的龋坏。同时，唾液减少使唾液的清洁作用降低，缓冲作用减弱，使口中 pH 偏酸利于细菌滋生，是导致牙周病的重要原因。

唾液减少还会增加糖尿病、心血管疾病等疾病的罹患风险。

如何增加唾液的分泌

可以增加胸腹肌肉的力量来锻炼呼吸；学会全身肌肉放松，促进血液循环；锻炼口面的肌肉，就像全身肌肉锻炼一样；唾液腺按摩；保持好心情；健康从口腔保健开始，充沛且优质的唾液是口腔健康的保护伞。

54

亡羊补牢

【释义】亡：丢失；牢：关牲口的圈。丢失了羊，就修补羊圈。比喻出了差错，及时设法补救。

【出处】《战国策·楚策四》："见兔而顾犬，未为晚也；亡羊而补牢，未为迟也。"

【近义】贼去关门

【反义】防患未然

科普知识

牙缺失了，及时镶补，犹如亡羊补牢，大善。

镶牙，是指牙齿缺失后，通过医学手段，利用人工材料修复缺失牙形态和功能的方法。我们常见的镶牙方法有活动义齿、固定义齿以及种植义齿三种。下面我们来逐一说明。

活动义齿

所谓活动义齿，就是患者能够自行摘戴的义齿。活动义齿通常用塑料作基托，有时为了结实和舒适也会用金属材料作基托。

其优点为适用范围广。从缺失一颗牙到所有牙齿全部缺失均可使用活动义齿。它的制作周期短，对余留牙的要求不高。

其缺点为体积大，恢复咀嚼效能相对低，随着口内情况的变化，需定时更换。当它用于前牙时，美观效果差。

固定义齿

固定义齿是利用缺牙两侧的余留牙作为固定基础用来制作的，是粘接在口内不能自行摘戴的义齿。制作时，需将缺牙间隙两侧的真牙磨去一部分，再将制作成的义齿套在磨改过的真牙上固定。固定义齿通常由金属和瓷作为材料。

它的优点为体积小，恢复咀嚼效能较高，口感舒适，佩戴时间与作为固位的真牙有关，不随口腔其他组织的改变而改变。

它的缺点为适用范围有要求，只适用于缺牙，且缺牙间隙前后均有真牙的情况。

种植义齿

种植义齿是牙齿缺失后，在缺牙部位的牙槽骨植入金属种植体，代替缺失牙的牙根，再在种植体上制作一个牙冠的方式。其使用材料以陶瓷为主。

其优点为美观，体积小，与天然牙结构、功能及美观效果最为接近。种植义齿可用于缺失一颗牙到全部牙齿缺失的状况。

其缺点为受全身健康影响较大，比如高血压、糖尿病、凝血功能障碍等。牙齿缺失多时，费用较高。

关于镶牙我们要知道的小知识：

1. 牙齿缺失后要及时镶牙，否则会影响余留的牙齿。

2. 镶牙种类的选择要按照口腔内缺牙的位置、数目、现存牙齿的健康状况以及全身健康状况来决定。

3. 义齿适用年限是由多种因素决定的。如义齿类型、口腔状况、义齿使用情况等。相对来讲活动义齿使用时间最短，种植义齿使用时间最长。

4. 详细了解并遵守佩戴义齿的注意事项，维护好义齿。

5. 定期复诊。

镶牙结束并不是诊疗的结束，我们要按照医生要求，尽快学会使用义齿，注意义齿的清洁及口腔的清洁。

牙齿缺失有很多不可抗拒的因素，一旦缺失我们要及时到医院就诊，第一时间镶牙以恢复牙列的完整。

俗话说，亡羊补牢，犹未晚也！

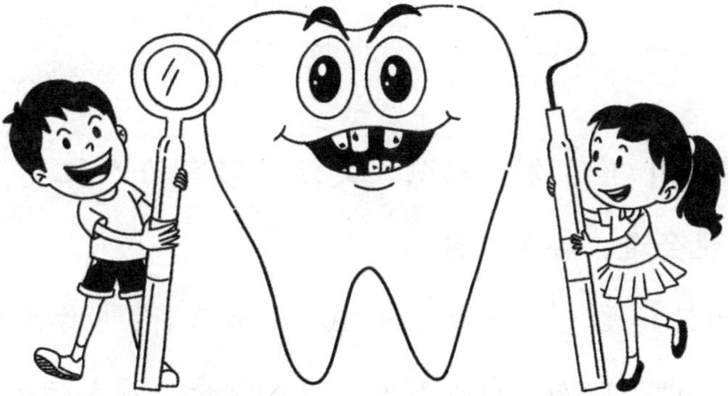

55

伶牙俐齿

【释义】伶、俐：聪明，灵活。形容为人机灵，口齿伶俐，能说会道，善于应付。

【出处】元·吴昌龄《张天师》第三折："你休那里便伶牙俐齿，调三斡四，说人好歹，讦人暧昧，损人行止。"

【近义】巧舌如簧

【反义】笨嘴拙舌

科普知识

"牙"与"齿"的区别

简单地说，齿在前，牙在后。"齿"是指前面的牙齿，即前牙，也就是我们常常提到的"门齿"。前牙包括中切牙、侧切牙、尖牙，主要作用是切割、撕裂食物，并与舌头和唇共同参与发音。前牙直接影响发音的准确性。"牙"是指后面的牙齿，即后牙。后牙包括前磨牙和磨牙，统称磨牙，其主要作用是嚼碎和磨细食物，同时有支撑面部高度的作用。

所谓“笑不露齿”而不是“笑不露牙”就清晰地说明了“齿”与“牙”的位置关系。

牙齿的作用

1. 一日三餐，靠牙齿

齿能够帮助我们完成切断、咀嚼食物的任务，是完成人体消化吸收任务的第一道关口。牙好，胃口就好，身体棒棒！如果牙不好，一日三餐，一个月约 90 餐，一年约 1095 餐，餐餐不幸福。

2. 颜值支撑

俗话说得好，齿白七分俏，貌美牙为先。“明眸善睐”“齿白唇红”“整齐划一”即为重要的颜值高的表象之一。

3. 发音

牙齿对发音的影响很大。在平时说话时，舌尖前音、舌齿音、唇齿音这些发音都会因为前牙的位置而受到影响。而牙齿的缺失，尤其是前牙的缺失会导致“走风漏气”，从而影响到发音。

4. 心理健康

微笑，是内心的折射。有人在成人后坦言，这么多年没有露齿笑过，就是因为牙齿不齐，发黄不好看。也有人在牙齿矫正完成后整日把笑容挂在脸上，因为一口整齐的牙齿，是非常有魅力的。

牙齿的健康关乎生命质量

1. 1981年，世界卫生组织将“牙齿清洁，无龋洞，无疼痛感，牙龈颜色正常，无出血现象”定为口腔健康的标准，同时也是全身十大健康标准之一。

2. 口腔健康是全身健康的一面镜子，一些全身性疾病会引起口腔的异常表征，如牙龈出血、牙周炎、牙龈发白等。

3. 口腔疾病与全身各个器官的健康互为影响，相互关联。

4. 一些口腔疾病是引起或者加重系统性疾病的危险因素。比如口腔中的感染和炎症因子可导致或加剧心脑血管病、糖尿病等慢性病。糖尿病与牙周炎可能存在双向关系，一方面糖尿病是牙周炎的危险因素，另一方面牙周炎作为慢性炎症对糖尿病的代谢控制具有负面影响。

5. 孕妇的口腔感染可能会引起早产或婴儿出生体重偏低。

6. 缺牙较多甚至无牙颌的老人其老年痴呆的发生概率明显高于口腔健康的老人。

“伶牙俐齿”是生命质量的一个重要标志，除了生理功能外，还可以帮助我们咀嚼人生，品味人生。

会说话也应是一个人的优点。至于怎么说，说什么，牙齿只不过是“前台演者”，其幕后尚有大脑、情商、人品和为人处事之道。

56

摇摆不定

【释义】 指心思犹豫不决，来回变化。

【出处】 周恩来《现时政治斗争中之我们》：“小资产阶级也常摇摆不定，只有无产阶级是最不妥协的革命阶级。”

【近义】 犹豫不决

【反义】 坚定不移

科普知识

摇摆不定原指心思犹豫不决，来回变化。在人体医学领域提到摇摆不定，常会联想到我们的牙齿。牙齿周围的支持组织被破坏后，会导致牙齿左右晃动，甚至脱落。

随着人们生活水平的不断提高，对于美的要求也越来越高。一口洁白健康的牙齿，不仅可以完成咀嚼食物、辅助发音的任务，还能让我们绽放自信的微笑，为美丽加分。但是，总是有那么一部分人不重视口腔卫生，对于刷牙草草了事，甚至只用清水漱口，长此以往便会导致牙周炎。

牙周炎的发生是一个长期、慢性的过程。简单地说就是由于日常生活中口腔清洁不到位，牙齿周围积聚了大量细菌和食物残渣，久而久之就会引起牙龈出血、牙龈萎缩、牙槽骨吸收，甚至会导致牙齿的松动脱落。如同树木的土壤遭到破坏后就会出现左右摇摆不定甚至倒掉的现象。

一、牙齿脱落缺失后的危害

对于牙齿脱落很多人都会持“少一颗牙齿也无所谓”的态度，但是事实并非如此。缺牙后虽然在短时间内没有明显症状，但时间久了就会导致邻牙移位、倾斜，所缺牙齿的对颌牙齿会因为失去咬合力的刺激而向缺牙的部位逐渐伸长，造成局部咬合关系发生变化。由于余留牙之间有效功能面积减少，会导致咀嚼效能降低，还会影响人体对营养成分的吸收。

如果是长时间单侧牙齿缺失会养成偏侧咀嚼的习惯，使常咀嚼的一侧咀嚼肌发达，缺牙一侧的肌肉和颌骨因长期不用及缺少刺激发生萎缩，造成面部不对称甚至出现颞下颌关节紊乱综合征的症状。

二、牙周炎的治疗

牙周炎的治疗单靠药物是治不好的，药物治疗只是牙周炎治疗的一个辅助手段，并非根治手段。有些人吃药后症状虽然暂时得到缓解，但牙周本身存在的病因并未去除，病情会进一步发展，导致牙齿的松动，严重时甚至会脱落。所以对患有牙周炎的患者，需要通过专业的方法如洗牙、牙周刮治等方法及时进行治疗，清除牙菌斑，消除炎症。

三、如何预防牙周炎的发生

1. 要注意口腔卫生，养成良好的习惯。正确有效的刷牙是预防牙周炎发生最根本的途径。牙刷的选择也是有讲究的，建议选择软毛、小头、柄长且易于握持的牙刷。刷牙时，牙刷应放在牙齿和牙龈交界的部位，与牙面呈 45 度角，使部分刷毛进入牙龈和牙面之间的龈沟里，水平震颤牙刷，幅度要小，用力要轻。这样不仅可清洁牙齿，还可起到按摩牙龈、清洁龈沟的效果。牙刷只能清洁牙齿的内侧面、外侧面和咬合面，牙与牙之间的缝隙则需要借助清洁牙缝的工具来完成。牙线是应用最广泛的牙缝隙清洁工具，尤其适用于较小的牙缝。

2. 每半年至一年进行 1 次洗牙，是重要的牙齿清洁手段。洗牙最大的意义是对口腔进行了一次彻底清洁，它可以去除牙结石、牙菌斑、烟斑茶渍。很多人担心洗牙后牙缝会变大、牙齿会松动，其实这种想法是错误的。如牙结石未被及时清除会长期刺激牙龈，导致牙龈萎缩。洗牙后牙结石被清理了，牙龈炎症消退，牙缝就会变得明显一些。洗牙本身是不会造成牙齿松动的，反而可以有效预防和治疗牙周炎，防止牙齿松动。

3. 密切注意牙周疾病的早期信号，如口臭、牙龈出血等现象。在日常生活中我们要加强身体锻炼，提高机体免疫力，养成良好的饮食习惯，定期进行口腔保健检查。

口腔健康，全身健康，希望大家重视牙周健康，如出现口腔疾病症状，要及时到正规的医院就诊治疗。

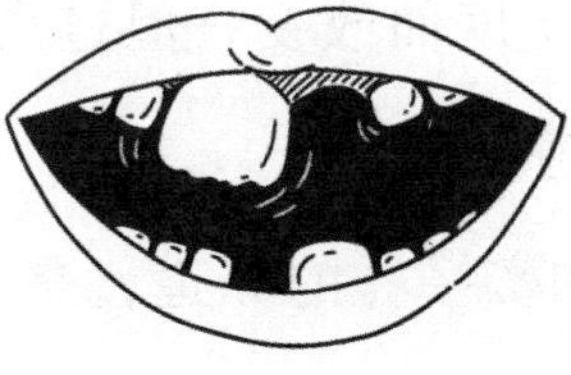

57

酸甜苦辣

【释义】是指各种味道。比喻欢乐、苦难等种种遭遇。

【出处】清·李绿园《歧路灯》第四九回："无非为衣食奔走，图挣几文钱；那酸甜苦辣也就讲说不起。"

【近义】悲欢离合

科普知识

"酸味"能给人以爽快、刺激的感觉，具有增强食欲的作用。基本上不会因为温度而改变，但过高温时酸的成分可能会遭到破坏，导致味道变化。

"甜味"具有糖和蜜一样的味道，是受大家欢迎的味感，带有甜味的食物越接近人体体温时给人的感觉越甜。这也是为什么冷饮变为常温或热饮变凉时，我们会感到更甜。

"苦味"并不是一种让人感受很好的味道，但品尝苦味之后所发生的事情有时却是人们想要的。比如，"良药苦口利于病"，这意味着苦味之后会带来健康。温度越低对苦味的感受越强烈，故食用苦药时要趁热，凉了以后苦味会比较重。

“辣味”是生活中受很多人喜欢的味道，辣味具有增进食欲、促进人体消化液分泌的功能。辣是痛觉而不属于味觉，辣椒中的活性成分辣椒素具有刺激性，会产生一种灼热的痛觉，但此感受会让部分人上瘾，进而越吃越辣，“麻辣烫”因此成为不少人的最爱。

“咸味”是我们日常生活中不可缺少的味道。咸味在高温时感受较淡，因此常发生煮菜时觉得不够咸而加入了过多的盐，上桌吃时却觉得菜过咸了的情况。

酸甜苦辣咸是人人都体验过的味道，从生理的角度来说，您知道这些味道是如何感知的吗？

我们感受味道主要靠舌头上的味蕾，其内有丰富的味觉神经。在吃东西时，通过咀嚼以及舌和唾液的搅拌，味蕾会受到不同味物质的刺激，这些信息通过味神经传送到大脑味觉中枢，从而使我们品尝出味道。

舌背上乳头状的突起称为舌乳头，按形状可分为轮廓乳头、叶状乳头、丝状乳头、菌状乳头。不同的乳头，不同的位置可感知酸、甜、苦、咸等不同的味道。简单地说，舌头的不同部位，负责品尝出不同的味道。舌尖部主要感受甜味，舌的两侧前部主要感受咸味，舌的两侧后部主要感受酸味，而舌根部感受苦味。可以想象，小小的舌头就像工厂一样分工有序，缺了哪一部分都会让我们的味觉不完整。

除了感知味觉，小小的舌也发挥着其他重要作用：进食时充当口腔内的“搅拌机”，并凭借灵活的状态协助吞咽；同时，舌头也是我们日常发音和语言功能的重要辅助工具。

因此，要想准确地品尝生活的酸甜苦辣咸，我们必须保证舌头处于健康的状态。不仅要严防舌溃疡、舌癌这样的病症，还要注意避免烫伤、咬伤等小问题。正确有效的口腔卫生保健，是保障我们口腔健康的前提，让我们一起行动吧！

58 唇齿相依

【释义】像嘴唇和牙齿一样互相依存。比喻关系密切，相互依存。

【出处】《三国志·魏书·鲍勋传》：“王师屡征而未有所克者，盖以吴、蜀唇齿相依，凭阻山水，有难拔之势故也。”

【近义】唇亡齿寒

【反义】势不两立

科普知识

在我们的口腔中，嘴唇和牙齿是相互支撑，彼此保护的。有一方有缺损就会影响对方。比如，唇腭裂。

唇腭裂就是我们常说的兔唇，在医学上称为唇裂，多发生在上唇。通常在出生时就已经存在唇部裂开，嘴唇看上去被分成两瓣或者三瓣，会严重影响容貌。

腭裂，是出生时就已经存在腭部裂开，有时和唇裂同时存在。

唇腭裂是人类颌面部最常见的先天性畸形之一，发病率仅次于先天性心脏病。

唇腭裂的分类

唇腭裂根据裂隙发生的部位分为单侧唇裂、双侧唇裂和正中裂。也可根据裂开的程度不同分为完全唇裂、不完全唇裂和微小唇裂。

有民间传说唇裂是因为女性怀孕期吃了兔肉造成的，而腭裂是因为孕妈妈打碎了碗或使用了剪刀造成的，当然这些说法是完全没有科学依据的。

唇腭裂的发生

唇腭裂是由于在胚胎发育早期受到致畸因素的干扰，面突不能正常融合而导致的一种先天性疾病。唇腭裂的原因，既有先天因素也有后天的环境因素。

唇腭裂的发病原因包括：遗传、营养、药物化学因素、病毒感染或者细菌感染、创伤、吸烟和饮酒等。

唇腭裂的早期发现

唇腭裂早期检查的最佳时间是妊娠后 24 周左右，此时胎儿面部丰满，五官清晰，此时是胎儿畸形检测的最佳时机。

怀孕期间，产前超声是目前诊断唇腭裂最主要的筛选及诊断方法。

唇腭裂的治疗

唇腭裂的治疗必须进行手术修补。国际主流治疗方案大多是在出生后 3 个月进行全麻手术。

唇腭裂患儿的早期喂养

有些腭部裂比较小的患儿是可以直接母乳喂养或奶瓶喂养的。若腭裂间隙较宽且与鼻腔相通的患儿，吸吮无力，则建议将母乳用吸奶器吸出后用专用的奶瓶或奶嘴喂养。

唇腭裂患儿应该注意的问题

应选择专属且适用的餐具；认真刷牙，学会使用牙线等工具彻底清洁牙齿和裂隙区；不同的年龄选择相对应的含氟牙膏；涂氟和窝沟封闭来预防龋齿；选择合适的奶嘴和吸管；有良好的饮食习惯；定期做口腔检查和保健。

唇腭裂给患者带来的影响和伤害是深重的，身体的不适会使他们在社会上遭遇很多的困难和挫折。有的人选择了逃避，而更多的人选择面对。患有类似唇腭的先天性畸形并非影响我们人生的关键，关键在于自己如何看待和定位自己的人生。

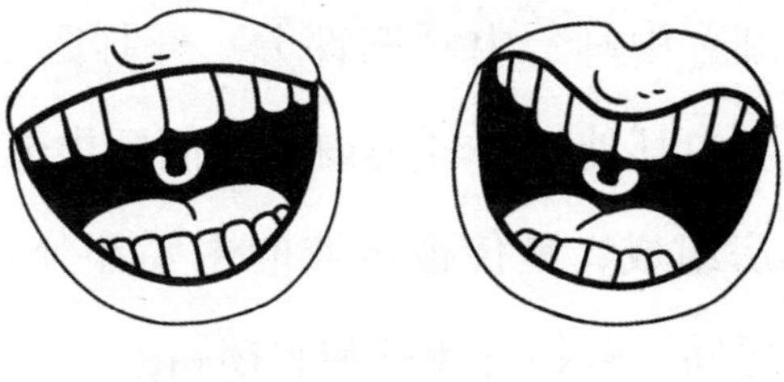

59

耳听八方

【释义】耳朵同时察听各方面来的声音。形容人灵敏机警。

【出处】明·许仲琳《封神演义》第五三回：“身临战场，务要眼观四处，耳听八方。”

【近义】眼观六路

【反义】置若罔闻

科普知识

“耳听八方”是人体耳朵先天特有的功能，这取决于耳朵的基本构造。

耳的结构

耳包括外耳、中耳、内耳三部分。外耳露于体表，包括耳廓和外耳道。中耳处于外耳与内耳之间，由鼓室、咽鼓管、鼓窦和乳突小房组成，是传播声波的主要部分。内耳位于鼓室和内耳道底之间，包括骨迷路和膜迷路。

1. 耳廓

耳廓的外面有一个大孔，叫外耳门，与外耳道相接。耳廓呈漏斗状，有收集外来声波的作用。耳廓的大部分由位于皮下的弹性软骨作支架，下方的小部分在皮下只含有结缔组织和脂肪，这部分叫耳垂。

2. 外耳道

外耳道是一条自外耳门至鼓膜的弯曲管道，其皮肤由耳廓延续而来。靠外面 1/3 的外耳道壁由软骨组成，内 2/3 的外耳道壁由骨质构成。软骨部分的皮肤上有耳毛、皮脂腺和耵聍腺。

3. 鼓膜

鼓膜为半透明的薄膜，呈浅漏斗状，凹面向外，边缘固定在骨上，外耳道与中耳以它为界。经过外耳道传来的声波，能引起鼓膜的振动。

4. 鼓室

鼓室位于鼓膜和内耳之间，是一个含有气体的小腔，里面有锤骨、砧骨和镫骨三块听小骨，由韧带和关节衔接，组成为听骨链。鼓膜的振动可以通过听骨链传到卵圆窗，引起内耳里淋巴的振动。

5. 内耳

内耳包括前庭、半规管和耳蜗三部分，由结构复杂的弯曲管道组成，所以又叫迷路，迷路里充满了淋巴。前庭和半规管是位觉感受器的所在处，与身体的平衡有关。

学会爱护耳朵

如果你想长期拥有耳听八方的能力，拥有一对灵敏的耳朵，日常生活中我们必须保护好自己的耳朵，拒绝那些会伤害到耳朵的危险。

1. 避噪音

人倘若长时间接触机器轰鸣、车辆喧闹、人声喧哗等各种噪音，会使原本开始衰退的听觉更容易疲劳，听力急剧减退，甚至引发噪音性耳聋。

2. 防进水

在游泳、洗澡、洗头时，耳朵进水后容易引起耳朵发炎。如果不慎进水，应该使耳朵朝下，尽快将耳中的水放出。

3. 戒挖掏

经常用耳勺、火柴棒掏耳朵，容易碰伤耳道，引起感染、发炎，还可能弄坏耳膜。耳道奇痒难受时，可以用棉签蘸少许酒精轻擦耳道。

4. 慎用药

要尽量避免使用耳毒性药物，如庆大霉素、链霉素、卡那霉素、新霉素等，这些药物容易引起耳中毒从而损害听力。

5. 常按摩

按摩耳垂前后的翳风穴和听会穴，可以增加内耳的血液循环，有保护听力的作用。该按摩以每日早晚各一次，每次5—10 分钟为宜。

6. 保健康

合理饮食，少吃高脂肪食物，多食用粗粮、蛋类、蔬菜、水果等食物对保护听力很有好处。适当补充维生素补充剂对听觉细胞能够起到很好的保护作用。

耳是人体重要的听觉器官，它除了掌管听觉外，也兼具保持身体平衡的机能。所以我们要好好保护它，才能耳听八方。如能遵循以上措施，不少耳病就会远离你，听力便会得到保护，我们才能尽情享受世界上的各种声音。

60 健步如飞

【解释】 健步：走路快而有力。步伐矫健有力，走路快得像飞一样。

【出处】 清·蒲松龄《聊斋志异·凤阳士人》："丽人牵坐路侧，自乃捉足，脱履相假。女喜着之，幸不凿枘，复起从行，健步如飞。"

【近义】 大步流星

【反义】 步履艰难

科普知识

健步如飞形容一个人步伐矫健，跑得飞快。一个人能够健步如飞说明这个人具有健康的运动系统。人体的运动系统在大脑和脊髓的神经支配下，相互协作来完成日常活动，比如我们日常的运动、抓取、吃饭、说话等。

那么，人体的运动系统是由哪些器官组成的呢？它们又是如何运作，能给人体带来哪些功能呢？下面为大家详细介绍。

运动系统的三种主要器官——骨、骨连接和骨骼肌

骨：成年人一共有 206 块骨头，儿童的骨头却比成年人多 11—12 块，有 217—218 块，刚出生的婴儿骨头最多，多达 305 块。这是为什么呢？因为有些骨骼在儿童时期是几块，长大成人后就合为 1 块了。比如，儿童的骶骨有 5 块，但长大成人后合为 1 块。儿童的尾骨有 4—5 块，长大后也会合为 1 块。

人体的骨由于存在的部位和功能不同而导致骨的形态多样，有长骨、短骨、扁骨和不规则骨。骨以骨质为基础，表面覆有骨膜，骨髓腔充满骨髓。血管、神经先进入骨膜，然后穿过骨质进入骨髓。骨的质地既坚硬又有一定的弹性，这样既增加了骨的强度，又能避免受到外力而折断。

人体中的钙有 99%储存在骨骼和牙齿里，钙是决定骨骼健康的关键因素。人体骨骼中的矿物含量在 30 岁左右达到最高峰，称为峰值骨量。峰值骨量与骨骼健康密切相关。峰值骨量越高，老年时发生骨质疏松症的时间就越晚，症状与程度也越轻。

骨连接：不同的骨之间形成骨连接，组成全身的骨骼。不同的骨连接活动范围不同，关节是活动范围较大的骨连接，比如肘关节、膝关节等。关节的主要功能是参与运动，关节的运动既灵活又牢固。关节外面由坚韧的关节囊包裹，关节面上覆有关节软骨，骨之间留有关节腔，腔内分布关节滑液，这些结构能很好地减少骨与骨之间的摩擦损伤，从而让关节在灵活运动的同时又确保其牢固性，关节外还有韧带等结构，进一步加强了关节的牢固性，减少了运动时对关节的损伤。

骨骼肌：仅靠关节是不能完成运动的，还需要依靠骨骼肌的收缩。关节要想运动，需要骨骼肌的肌腱固着在不同的骨上，并通过骨骼肌肌群一起合作来完成。那么骨骼肌是如何实现收缩呢？骨骼肌上分布着丰富的神经和血管，在大脑和脊髓神经的支配下实现肌肉收缩。

所以，运动的实现是在神经系统的支配下，由骨、骨连接和骨骼肌共同参与完成的，其中肌肉收缩产生动力，牵拉其所附着的骨，以关节为枢纽，产生运动。

运动系统的三大功能

顾名思义，其首要功能是运动。人的运动不仅有简单的移动如走路、跑步等，还有更高级的活动如语言、书写等。

第二个功能是支持。运动系统维持我们的体姿，构成了人体的基本体型，支撑着我们的体重和内部器官。

第三个功能是保护器官。人体的躯干形成了几大体腔，颅腔保护大脑；胸腔保护心脏、大血管和肺等重要脏器；腹腔和盆腔保护着消化系统、泌尿系统和生殖系统的众多脏器。这些体腔形成具有弹性和韧度的保护层，当受到外力冲击时，能起到缓冲打击和振荡的重要作用。

健康骨骼就要“健康吃动”

生命在于运动，要想“健步如飞”，就要拥有健康的运动系统。在日常生活中我们要关注骨骼、关节的健康。

对于儿童和青少年，要坚持运动，让运动成为其每日的“必修课”。我们应尽可能多地进行各种各样的身体活动，比如可以步行上下学，利用好学校的体育课，积极参加足球、篮球、排球等体育活动等。我们每天应进行至少 60 分钟的中高强度的身体活动。负重运动可以让身体获得并保持最大的骨强度，我们每周应进行 3 次高强度的运动，如快跑、游泳、健美操、追逐游戏等；每周应有 3 天（隔天进行）增强肌肉力量和骨健康的运动，如仰卧起坐、俯卧撑、平板撑、跳绳、跳远和爬山等。充足的光照会促进维生素 D 的生成，从而促进钙吸收，所以每天至少要有 20 分钟的日照。

获得骨健康的另一项重要因素是选择健康食品，养成良好的生活方式。奶制品营养全面、丰富，可以促进儿童的骨骼健康。儿童应该天天喝奶，每天至少应摄入 300 毫升的牛奶或相当量的奶制品，如酸奶、奶粉、奶酪等。任何时间都可以饮奶，如早餐一杯牛奶，午餐或者晚餐一杯酸奶，这样就可以达到一天至少300毫升的摄入量。还可以把酸奶、奶酪等奶制品作为健康零食来代替辣条、薯片等不健康零食。此外，要远离烟草和酒精。